AF667174

Rechtschreiben lernen mit System

„Die Rechtschreibung ist (…) eine von der Kulturgemeinschaft intuitiv geschaffene, keineswegs beliebig veränderbare Kunst, in die man sich einarbeiten oder hineinleben (und -lesen) kann und muß ...“

(Theodor Ickler, 1998, S. 8)

Andrea Kropf

Rechtschreiben lernen mit System

Vuchs, Fucks, Fux oder wie?

J. Bauer Verlag • München

Die Deutsche Nationalbibliothek verzeichnet diese Publikation in der Deutschen Nationalbibliografie; detaillierte bibliografische Daten sind im Internet über http://d-nb.de abrufbar.

Besuchen Sie uns auch im Internet: www.jbauer-verlag.de

ISBN 978-3-9861 00-0-0

1. Auflage 2013
Text: Andrea Kropf
unter Mitwirkung von Angelika von Heinz
Umschlaggestaltung und Satz: Johanna Bauer
Druck: BoD – Books on Demand, Norderstedt

Inhalt

Einführung

Vorwort 7
Was dieses Buch bietet 9
Wie man dieses Buch sinnvoll nutzt 12
Sinn und Entwicklung der Orthographie 13
Wie wird orthographische Kompetenz erworben? 17

Hauptteil: Regeln, Regelabweichungen und Wörterlisten

1. Ein paar Grundregeln der deutschen Rechtschreibung 22
2. Wörter mit kurzen Vokalen oder kurzen Umlauten 23
2.1 Verdopplung von Konsonanten 23
2.2 Ausnahmen von der Verdopplungs-Regel 30
3. Wörter mit langen Vokalen (Dehnung) 32
3.1 Dehnung der Vokale a, e, o, u (und Umlaute ä, ö, ü) 32
3.2 Dehnung des Vokals i (*ie, ih, ieh*) 35
3.3 Dehnungs-*h* (und silbentrennendes *h*) 39
4. Wörter mit s-Lauten (*s, ss, ß*) 44
4.1 Zur Unterscheidung von *das* und *dass* 47
5. Wörter mit f-Lauten (*f, v, ph*) 49
6. Wörter mit x-Lauten (*x, ks, cks, chs, gs*) 52
7. Weitere schwierige Rechtschreibfälle 56
7.1 Wörter mit *ai* 56
7.2 Wörter mit *dt* 57
7.3 *rh, th, gh* in Fremdwörtern 58
7.4 Fremdwörter mit *y* für den ü-Laut 60
7.5 Fremdwörter mit *y* aus dem Englischen 61
7.6 *g, ch, sh* für den sch-Laut 62

8. Anmerkungen für das Üben mit Rechtschreibanfängern 63
8.1 Wörter mit dem Auslaut a 63
8.2 Die Schreibung *ts* und *ds* 65
8.3 Probleme mit der Unterscheidung von *d* und *t* 66
8.4 Wörter mit den Morphemen *nf(t)* und *mpf* 68
9. Homonyme 69
10. Fremdwörter – eine Auswahl zum Üben 71
11. Kuriosa im Duden 74

Anhang

Rechtschreibspiele: Empfehlungen und Anleitungen 75
Verzeichnis lateinischer Fachbegriffe 79
Literaturverzeichnis 83
Empfehlenswerte Materialien zum Rechtschreibtraining 84

Einführung

Vorwort

Noch ein Buch zur deutschen Rechtschreibung? In Zeiten, in denen „Kiezdeutsch" zum seriösen Forschungsgegenstand an Universitäten geworden ist und tatsächlich ernsthaft erwogen wird, das Erlernen der Schreibschrift an den Schulen abzuschaffen, findet das möglicherweise manch einer antiquiert. Das Bemühen um korrektes Schreiben wird mittlerweile von vielen Menschen als „korinthenkackerisch", „arrogant" und „uninteressant" verurteilt, – Bewertungen, die ich mir u. a. anhören musste, wenn ich von diesem Buchprojekt sprach.

In manchen Kreisen ist auch (immer noch) die Einstellung verbreitet, normierte Rechtschreibung sei vor allem eine diskriminierende Maßnahme von Seiten des Bildungsbürgertums, ein „Abgrenzungs- und Herrschaftsinstrument", und ihre Aneignung überflüssig. Auswirkungen dieser Haltung sind inzwischen auch im Schulunterricht zu finden: Rechtschreib-Übungen nehmen nur noch wenig Raum ein, zensierte Rechtschreib-Diktate werden immer seltener geschrieben.

Allgemein zu beobachten ist eine große Toleranz gegenüber „schlampiger" Rechtschreibung, vor allem in der globalen Small-Talk-Kultur in E-Mails, SMS, Internetforen oder in Statusmeldungen auf Facebook. Zwar wird seit Einführung dieser neuen Kommunikationswege zunehmend wieder mehr „geschrieben": Im Jahr 2011 wurden allein deutschlandweit 55 Milliarden SMS versendet (Quelle: www.bitkom.org). Aber die bei diesem schnellen, „konzeptionell mündlichen" (vgl. Dürscheid 2002) Informationsaustausch benutzte Sprache ist höchst minimalistisch, auf Satzzeichen und Orthographie wird kein Wert gelegt.

Im SMS-Verkehr wird gerne Dialekt verschriftet, Emotionen werden häufig mit typographischen Zeichen (Emoticons) ausgedrückt und offenbar allgemein bekannte Abkürzungen verwendet. Wenn *„bis dann"* mit *„cu"* (= see you), *„heute Abend"* mit *„2N8"*(= tonight), *„habe Sehnsucht"* mit *„HASE"* abgekürzt wird, kann man dies zwar einerseits als neue Kreativität in der Kommunikation bewundern. Andererseits muss man sich nicht wundern, wenn das Erlernen der deutschen Rechtschreibung für viele Kinder und Jugendliche immer problematischer wird. Am Computer verlassen sie sich zunehmend auf das Rechtschreibprüf-Programm und übersehen dabei, dass dies keine zuverlässige und vollständige Hilfe ist und dass ihre aktiven Rechtschreib-Kenntnisse immer mehr verkümmern.

Ich spreche hier von grundlegenden Kenntnissen und nicht von nachvollziehbaren Unsicherheiten wie bei der Schreibung von eher seltenen Wörtern wie *Atmosphäre, Rhythmus, Koryphäe, Diphthong* u. ä.

Der Rat für deutsche Rechtschreibung, der seit 2004 zuständig ist für die Herausgabe des amtlichen Regelwerks der deutschen Rechtschreibung, schreibt in einer Pressemitteilung vom 29.11.2011 (www.rechtschreibrat.com) über den aktuellen Zustand der deutschen Rechtschreibung, *„dass der Sprache und insbesondere ihrer Rechtschreibung hohe Bedeutung beigemessen, aber im Umgang mit ihr nachlässig verfahren wird. In dieser Haltung ist mit eine Ursache dafür zu sehen, dass ungefähr zwanzig Prozent eines Jahrganges der 15-Jährigen als Analphabeten gelten müssen."*

Es ist eine Tatsache, dass schlechte Rechtschreib-Leistungen auch in der heutigen Zeit noch den Zugang zu vielen Jobs versperren oder den beruflichen Aufstieg hemmen können. Michael Groß, Leiter des Personalmarketing beim Autohersteller Audi, antwortete in einem Interview in der Süddeutschen Zeitung auf die Frage *„Wie muss eine gute Bewerbung aussehen?"*:
„Für mich ist ein Anschreiben indiskutabel, wenn es länger als eine Seite ist. Und man muss wissen, dass kein Personaler einen Lebenslauf liest, der sich über drei Seiten Fließtext erstreckt. Noch viel wichtiger ist jedoch, dass Rechtschreibung und Ausdruck passen." (Süddeutsche Zeitung Nr. 151 vom 5. 07. 2010, S. 13).

Mein Plädoyer für das Erlernen der Rechtschreibung erwächst vor allem aus der Tatsache, dass die Orthographie einer Sprache ja nicht einen Selbstzweck erfüllt, sondern dass ihre Rechtschreibvereinbarungen eine wichtige dienende Funktion in der schriftlichen Verständigung haben.

Was dieses Buch bietet

Die Idee zu diesem Buch entstand bei mir schon vor einigen Jahren, als ich noch meine psychotherapeutische Praxis in Berlin führte. Ein nicht unwesentlicher Teil meiner Klienten waren rechtschreibschwache Schüler, die ich im Rahmen der gesetzlichen sozialen Eingliederungshilfe behandelte.

Dabei hatte ich es oft mit Kindern zu tun, die – häufig im Zusammenhang mit einer Aufmerksamkeitsdefizitstörung (ADS oder ADHS) – in Diktaten und Niederschriften aufgrund unzähliger „leichter" Fehler (also nicht sog. Wortentstellungen, wie wir sie von schweren Legasthenikern kennen) schlecht abschnitten. Infolge ihrer oft schon jahrelangen schulischen Misserfolge hatten sie meist jegliches Interesse an richtiger Rechtschreibung verloren, resigniert und häufig sogar eine starke Abwehrhaltung gegenüber dem Lesen und Schreiben entwickelt.

Nach meiner Erfahrung können Rechtschreibprobleme solcher Art in den seltensten Fällen durch einfaches, verstärktes Üben kompensiert werden. Man muss Wege finden, um die Motivation der Kinder und Jugendlichen neu zu beleben. In meiner Arbeit beobachtete ich, dass das Interesse der Schüler geweckt werden konnte, wenn ich sie in einen spielerischen Wettbewerb verwickelte. Ich regte beispielsweise an, möglichst viele Wörter innerhalb einer Rechtschreibregel-Gruppe oder auch analoge, eher seltene Schreibungen zu sammeln.

Eine Aufforderung wie *„Finde die fünf Wörter der deutschen Sprache, die bei lang gesprochenem „o" mit „oo" geschrieben werden!"* (siehe S. 34) löste bei den meisten Schülern plötzlich eine sehr aktive Mitarbeit aus. Auch eine Aufgabe wie *„Finde Wörter mit mindestens sechs aufeinander folgenden Konsonanten!"* führte stets zu großem Einfallsreichtum der Kinder. (Mein persönliches Lieblingswort dieser Art ist *„Angstschweiß"*).

Die auf diese Weise gesammelten Wörter konnten sich die Schüler meist langfristig in der richtigen Schreibweise merken. Offensichtlich prägt sich im Gedächtnis am besten ein, was in aktiver Haltung erlernt wird. Ein so gestalteter Lernprozess ist automatisch mit hoher Aufmerksamkeit und Konzentration verbunden.

Die weit verbreitete Vorstellung, dass man durch viel Lesen – also eher passiv-automatisch – Rechtschreibung lernt, scheint dagegen durch zahlreiche Untersuchungen widerlegt. Günther Thomé meinte dazu in einem Interview in der Zeitschrift „Psychologie heute": *„Das ganze System läuft anders, als sich die Experten das lange gedacht haben. Und auch anders, als Laien sich das vorstellen. Wie es genau funktioniert, weiß im Moment noch niemand so richtig. Wahrscheinlich lernen wir das Rechtschreiben wie das Sprechen im frühen Spracherwerb. Unser Gehirn extrahiert aus dem Input im Laufe der Zeit ein System, eine Systematik, die uns dann selbst befähigt, beim Schreiben korrekte Produkte zu erzeugen."* (Thomé 2013, S. 61).

Eine Systematik kann meines Erachtens am besten erworben werden durch das Aneignen von Strukturierungshilfen wie Rechtschreibregeln, im zweiten Schritt dann durch das bewusste Einprägen von Gruppen seltenerer analoger Schreibungen. Thomé unterscheidet hier zwischen „Basisgraphemen", d. h. häufigen Zuordnungen von Lauten und Schreibweisen (z. B. ***ie*** für den langen i-Laut wie in *die*, *Wiese* usw.) und „Orthographemen", d. h. weniger häufigen Zuordnungen (z. B. ***i*** oder ***ih*** für den langen i-Laut wie in *Tiger* und *ihr*).

Natürlich sind auch Eselsbrücken wie *„Wer nämlich mit h schreibt, ist dämlich"* oder *„Gar nicht wird gar nicht zusammengeschrieben"* hilfreich, scheinen aber heutzutage außer Mode gekommen zu sein. Jedenfalls kannten nur sehr wenige meiner Therapie-Schüler solche Sprüche.

Anders als in den auf dem Buchmarkt üblichen Trainingsanleitungen zur deutschen Rechtschreibung bietet das vorliegende Buch über die Darstellung von Regeln und ihrer Anwendung hinaus zahlreiche Wörterlisten. Sie enthalten die eher selteneren Schreibungen vollständig, d. h. alle im Duden aufgeführten Wörter, die analog geschrieben werden.

Hauptanliegen des Buches ist eine übersichtliche Strukturierung des Lernmaterials zur deutschen Rechtschreibung, die in Zeiten extremer Reizüberflutung für Schüler besonders wichtig geworden ist. Durch die systematische Sammlung analoger Schreibungen in Wörterlisten wird das Erlernen von Wortbildern erleichtert. Denn trotz unserer grundlegenden Rechtschreibregeln muss ja bei vielen Wörtern die richtige Schreibweise schlicht gelernt werden, wie wir uns z. B. an dem Wort ***Fuchs*** klar machen können, das – lautlich gesehen – auch

Fucks, Fux, Vuchs, Vucks oder Vux

geschrieben werden könnte. Zugleich geben die Wörterlisten Lehrern und Eltern Material an die Hand, mit dem sie in spielerischen Wettkampf mit den Kindern treten oder das eigenständige „Wörtersammeln" der Kinder anregen können.

Das Buch befasst sich mit grundlegenden Problemen der deutschen Rechtschreibung. Auf die Neuregelungen der Rechtschreibung-Reform (ab 1996) wird hingewiesen. Leser, die spezifische Fragen zur neuen deutschen Rechtschreibung haben, seien auf die entsprechende Literatur verwiesen oder auch auf den *„Crashkurs in 25 Schritten zur neuen Rechtschreibung"* auf der Internetseite www.duden.de.

Dieses Buch beschäftigt sich nicht mit sogenannten Ableitungsfehlern, also Fehlern, die bei Beachtung des Stammprinzips in der deutschen Rechtschreibung hätten vermieden werden können:

- Verwechslungen von harten und weichen Konsonanten am Wortende, z. B. *Freunt* statt ***Freund*** (ableitbar durch Mehrzahl-Verlängerung)
- Verwechslungen von ***ä*** und **e**, von ***eu*** und ***äu***
- *fellt* statt ***fällt***, *Treume* statt ***Träume*** (ableitbar von Infinitiv und Singular etc.).

Auch einige andere Problemfelder der deutschen Orthographie wie die Silbentrennung, Groß- und Kleinschreibung, Zusammen- und Getrenntschreibung und die Zeichensetzung werden nicht in diesem Buch behandelt. Sie sind in zahlreichen anderen Publikationen detailliert erläutert (siehe *„Empfehlenswerte Materialien zum Rechtschreibtraining“* im Anhang).

Die in den folgenden Kapiteln aufgeführten Wörterlisten enthalten die in der deutschen Sprache gebräuchlichen Wörter, darunter zum Teil auch Fremdwörter. Fremdwörter sind Wörter, die aus anderen Sprachen übernommen wurden. Sie sind meistens in Betonung, Beugung und Schreibweise der deutschen Sprache nicht angepasst. Lehnwörter dagegen sind in die deutsche Rechtschreibung voll integrierte Fremdwörter und bezüglich ihrer Abstammung aus anderen Sprachen selten oder gar nicht mehr erkennbar (z. B. *Streik* von *strike*, *Büro* von *bureau*). In den Wörterlisten nicht aufgenommen sind seltene Fachbegriffe und nur regional verwendete Wörter; Eigennamen nur zum Teil.

Das Kapitel „Kuriosa im Duden“ ist ein Nebenprodukt meiner Vorarbeit für dieses Buch. Beim Durchforsten des Dudens für die Erstellung der Wörterlisten erstaunte mich bisweilen die Wortschatz-Erfassung der Duden-Redaktion.

Wie man dieses Buch sinnvoll nutzt

Abhängig vom Alter, vom Vorwissen und von den konkreten Zielen kann dieses Buch auf verschiedene Weise verwendet werden: Erwachsenen, die sich für die deutsche Sprache und ihre Verschriftlichung interessieren, sei die Lektüre von Anfang bis Ende empfohlen – zumindest im Überblick. Wer das Buch zum Selbstlernen und Üben nutzen möchte, kann auch gleich mit dem Hauptteil auf Seite 22 beginnen. Auch Eltern und (Nachhilfe-)Lehrer, die gefordert sind, Kindern bei der Überwindung ihrer Rechtschreibschwächen zu helfen, finden hier genügend Material zum Üben: Regeln und ihre Anwendung in Beispielen ebenso wie seltene und schwierige Rechtschreibfälle.

Was diesen Ratgeber vor anderen Materialien zum Rechtschreibtraining auszeichnet, sind die Wörterlisten im Hauptteil. Die meisten von ihnen enthalten **alle** im Duden aufgeführten Wörter mit einer spezifischen Schreibung. Wenn ein Schüler weiß, dass es in der deutschen Sprache z. B. nur 13 Wörter gibt, die mit *aa* geschrieben werden (und nicht etwa 100 oder gar 1000), dann kann das schlichte Auswendiglernen dieser Wörter eine gewisse Sicherheit beim Schreiben geben. Denn bei allen anderen Wörtern mit lang gesprochenem „a“ steht dann nur noch die Schreibung *a* oder *ah* zur Auswahl.

Wie schon in der Einleitung erwähnt, lassen sich nach meiner Erfahrung auch Schüler, die nicht zum Üben motiviert sind, auf spielerische Rechtschreib-Wettkämpfe ein. Eine solche spielerische Übung kann z. B. lauten: *„Wer findet die meisten Wörter, in denen der x-Laut als chs geschrieben wird?“* Die *„chs“*-Liste im Buch kann zur Vorgabe oder auch zur Kontrolle benutzt werden.

Sinn und Entwicklung der Orthographie

Die Orthographie einer Sprache legt anhand von Regeln die Zuordnung von Lauten und Buchstaben fest und erleichtert es, Geschriebenes zu lesen und Gehörtes zu schreiben. Abweichungen von der genormten Schreibung dagegen können zu Missverständnissen in der Kommunikation führen. Natürlich kann es uns auch bei richtiger Schreibweise passieren, dass wir in einem Lesetext „stolpern“: Ich selbst assoziierte kürzlich beim Lesen des Satzes *„Männer trugen Lacktangas“* so etwas wie *„Propangas“* und realisierte erst später, dass es hier um *„Lack-Tangas“* ging.

Wie schwer lesbar Literatur ist, die sich dem Konsens der normierten Rechtschreibung weitgehend verweigert, können wir in den Werken Reinhard Jirgls erfahren, der 2010 den bedeutendsten deutschen Literaturpreis, den Georg-Büchner-Preis, erhielt. Seine lautmalerische, unkonventionelle Rechtschreibung und eigenwillige Zeichensetzung verhindern den normalen Lesefluss, und es bedarf einiger Zeit, die anfänglichen Irritationen beim Lesen zu überwinden. Ein Beispiel:

„Der Jo, der ist bei-!weitem der Schar-!Mann-teste u der Gebilldezte von allen-dort auf dem Ball, und er giebt mir das Gefühl, dasser mich wirklich !ernst nimmt, von der 1. Minute an, & daß ob-arm-ob-reich für ihn keine Rolle spielt.“ (Jirgl 2007, S. 134)

Besonders die nur in der deutschen Sprache verwendete Substantiv-Großschreibung verhindert Zweideutigkeiten und beeinflusst die Lesegeschwindigkeit positiv: Gleichlautendes wie *„Der gefangene Floh“* und *„Der Gefangene floh“* ist durch die unterschiedliche Schreibung in seiner Bedeutung sofort erfassbar. Es macht ja auch einen Unterschied, ob man *„in Berlin liebe Genossen“* oder *„in Berlin Liebe genossen“* hat. Der Amerikaner David Bergmann zitiert in seinen sehr lesenswerten Büchern, die sich mit seinen Erfahrungen beim Lernen der deutschen Sprache befassen, zur Darstellung der Relevanz von Groß- und Kleinschreibung folgenden Satz:

„Bei jedem Fest saß der Mann fest an der Bar, wo er bar bezahlen musste, obwohl er lieber ohne Würde auf Kredit trinken würde. An seinem rechten Arm sah man, wie arm dran er war, denn die hässliche Haut haut einem förmlich ins Gesicht, sogar ehe seine Ehe in die Brüche ging.“ (Bergmann 2009, S. 128)

Neben der Groß- und Kleinschreibung stehen uns in der deutschen Rechtschreibung noch zahlreiche weitere Alternativschreibungen zur Differenzierung gleich oder ähnlich lautender Wörter zur Verfügung. Im Beispiel *„wir* ***wagen*** *– die* ***Wagen*** *– die* ***Waagen*** *– mit* ***vagen*** *Vorstellungen“* (vgl. Plickat in Ebel 1979, S. 44) können wir beim Lesen die Bedeutung dieser Wörter trotz ihrer gleichen Phonetik sofort durch ihre unterschiedliche Schreibweise identifizieren. Umgekehrt erfordert allerdings das richtige Schreiben eine Kombination von phonematischem, grammatikalischem und semantischem Wissen.

Die heutige Schriftsprache ist (spätestens seit der zweiten orthographischen Konferenz 1901 in Berlin) nicht einfach eine optische Umsetzung der Sprechsprache, wie sie im Mittelalter üblich war, sondern sie beruht wesentlich auf amtlichen Vereinbarungen. Notwendig wurde die Abkehr von einer rein phonetischen Schreibweise erstmals Mitte des 15. Jahrhunderts, da sich in den einzelnen Landesteilen Deutschlands immer stärker voneinander abweichende Dialekte entwickelt hatten und mit dem Aufkommen des Buchdrucks eine einheitliche überregionale Schriftsprache erforderlich wurde (vgl. hierzu die Ausführungen von Ibler 1973, S. 12 f.). Zur damaligen Zeit, erklärt Ibler, sei es ein Bestreben der Humanisten gewesen, in der Schreibung der Wörter ihre Abstammung sichtbar zu machen.

Dieses „etymologische Prinzip“ ist heute noch bei der Schreibung von *„ph“, „th“, „rh“* und *„y“* in aus dem Griechischen oder von *„v“* (für den Laut „w“) in aus dem Lateinischen stammenden Wörtern zu erkennen. Dehnungs-e und Dehnungs-*h* dagegen kommen nur in deutschen Wörtern vor und beruhen auf einem „historischen Prinzip“: Das Dehnungs-e in *„ie“* wurde ursprünglich als Doppellaut gesprochen, z. B. *li/eb, Li/ed, Mi/eder*. Erst allmählich wurde das *„ie“* in der Aussprache zu einem langen „i“ verschliffen. Die Schrift ist dem Sprachwandel nicht gefolgt und behielt das *„ie“* bei. Ebenso war das Dehnungs-*h* in früherer Zeit hörbar wie z. B. in *„zehen“* für *„zehn“* und in *„gemahel“* für *„Gemahl“*. Wörter mit Dehnungs-*h* sind generell germanischen Ursprungs (vgl. Ibler 1973,S. 13).

Mit der Reichsgründung 1871 bekam der Prozess der Vereinheitlichung der deutschen Rechtschreibung neuen Aufschwung: 1880 veröffentlichte Konrad Duden sein *„Vollständiges Orthographisches Wörterbuch der deutschen Sprache“*, das, immer wieder neu überarbeitet, auch heute noch – nunmehr in seiner 25. Auflage – **das** Nachschlagewerk für die deutsche Rechtschreibung darstellt.

Die gegenwärtige deutsche Rechtschreibung ist also das Ergebnis eines jahrhundertelangen Entwicklungsprozesses, geformt durch den Konsens vieler Generationen. Radikale Reformbewegungen, die eine Vereinfachung der Rechtschreibung und eine Rückkehr zur rein lautgetreuen Schreibweise (also z. B. die *„konsekwente“* Abschaffung des Dehnungs-*h* und des *c, x, v, y, qu, ph, th*) oder den Wegfall der Substantiv-Großschreibung fordern, haben sich bis heute nicht durchsetzen können.

In gemäßigter Form haben sich der „Rat für deutsche Rechtschreibung“ und die Duden-Redaktion mit ihrer Rechtschreibreform von 1996 und den weiteren amtlichen Neuregelungen von 2004 und 2006 bemüht, das Regelwerk von 1901 an die heutigen Erfordernisse anzupassen und Ausnahmeschreibungen und Besonderheiten abzuschaffen. Das Ergebnis der Reformen scheint allerdings viele Menschen zusätzlich zu verunsichern. Vor allem die reformierte Getrennt- und Zusammenschreibung und die veränderte Groß- und Kleinschreibung schaffen allgemeine Verwirrung, so dass es viele *leid* (oder *Leid?*) sind, umzulernen und die Neuregelungen gar nicht *kennenlernen* (oder *kennen lernen?*) wollen. Sogar die Vereinfachung, die in der Neuregelung der Schreibung von s-Lauten liegt, haben offensichtlich nur wenige verstanden, z. B. werden jetzt häufig „*Grüsse*" anstatt „*Grüße*" versandt – und das nicht nur in der Schweiz, wo diese Schreibung immer schon gültig war.

Der Philosophieprofessor Christoph Türcke formuliert in seinem Buch „Hyperaktiv! Kritik der Aufmerksamkeitsdefizitkultur" drastisch:
„*Der Versuch, die Orthographie modern, gewissermaßen demokratisch zu machen, frei von Willkür, logisch, transparent, für jeden nachvollziehbar, lief genau aufs Gegenteil hinaus. Seit der Rechtschreibreform hat sich die orthographische Unsicherheit vervielfacht. Mit einer Kultur oder Sprache kann aber nur vertraut werden, wer auch ein Gespür für ihre Naturwüchsigkeiten, will sagen, ihre besonderen, durchaus nicht willkürfreien rituellen Grundstrukturen entwickelt. Man muß auch ihre Marotten schätzenlernen, wenn man sie wirklich kennenlernen will.*" (2012, S. 100 f.)

In einer Zeitungsannonce in der SZ vom 19. Dezember 2008 wirbt der Duden kurioserweise folgendermaßen für sich:

> **„Soße" oder „Sauce"?**
> Welche Soße Ihren Weihnachtsbraten noch delikater macht, bleibt ganz Ihrem Geschmack überlassen. Die richtige Schreibweise nicht ganz. Beide Schreibungen sind richtig. Wir empfehlen die erste und sorgen so für Einheitlichkeit. **Duden – Die deutsche Rechtschreibung.** Das einzige Rechtschreibwörterbuch mit eindeutiger Dudenempfehlung.

Worin besteht hier die Einheitlichkeit? Die Dudenempfehlung ist zwar eindeutig, aber nicht verbindlich – zugelassen sind ja weiter alternative Schreibweisen!

Gespannt dürfen wir erwarten, was dem „Rat für deutsche Rechtschreibung", der u. a. die Aufgabe hat, den Schreibgebrauch zu beobachten und zu analysieren, in Zukunft an weiteren Änderungsvorschlägen einfällt. Im Rechenschaftsbericht von 2010 wollte der Rat bereits einige (16)

Schreibvarianten für aus Fremdsprachen integrierte Wörter rückgängig gemacht sehen, da niemand von ihnen Gebrauch macht: *Butike, Fassette, Mohär, Scharm, Sketsch, Katarr* u. a. (vgl. hierzu den kritischen Kommentar von Theodor Ickler „Rat auf Reisen" vom 7. Januar 2011, im Internet unter www.fds-sprachforschung.de).

Mein Vorschlag ist: Nehmen wir uns ein Beispiel an Engländern und Franzosen, die ihre viel anspruchsvolleren Rechtschreibsysteme bisher nicht für reformierungsbedürftig gehalten haben!

Wie wird orthographische Kompetenz erworben?

Die deutsche Rechtschreibung ist im Gegensatz zu Wort- und Bildsprachen, bei denen für jeden einzelnen Begriff ein eigenständiges Zeichen gelernt werden muss, im weitesten Sinn nach einem phonematischen Prinzip (Laut-Zeichen-Entsprechungen) organisiert: Alle Wörter können nach einer differenzierten Lauterkennung mit dem Zeichenbestand des lateinischen Alphabetes, den Umlauten und dem Buchstaben „ß" wiedergegeben werden.

Diese phonographische Verschriftung ist zwar einfacher als zum Beispiel ostasiatische Schriften, die zusätzlich auch noch die Tonhöhe zur Unterscheidung von Wörtern einsetzen. Dennoch stellt sich durch die Uneindeutigkeit bei der Umsetzung von Lauten in Schriftzeichen der Erwerb von Rechtschreibkompetenz auch im Deutschen als ein komplexer Langzeit-Lernprozess dar, der fast nie zu einem wirklichen Abschluss kommt. Dieser Prozess soll hier kurz in seinen wichtigsten Phasen dargestellt werden. Ich beziehe mich hierbei im Wesentlichen auf Darlegungen von Ibler (1973).

Für alle Eltern, die sich wünschen, dass ihre Kinder schon vor Schuleintritt zu lesen und schreiben beginnen, sei angemerkt:

- ⇨ Kleinkinder müssen bereits über optische Diskriminations-Fähigkeit verfügen, d. h. die Fähigkeit, die abstrakte Gestalt eines Buchstabens genau und richtig zu erfassen (z. B. die Unterscheidung von ***b*** und ***d***, ***p*** und ***q***).
- ⇨ Außerdem muss das Kind verstehen können, dass Buchstaben graphische Zeichen sind, die als Stellvertreter für Sprechlaute stehen.

Für das Maß an Interesse und Motivation bei Kindern, sich überhaupt mit Schrift auseinanderzusetzen, spielt sicher die Schriftkultur im häuslichen Umfeld, also der aufgeschlossene Umgang mit Geschriebenem, eine große Rolle. Auch das Vorbild guter Artikulation, die Größe des angewandten Wortschatzes und grammatikalisch richtige Satzbildungen in der Familie haben einen hohen Stellenwert für das Erlernen der korrekten Schriftsprache. In diesem Zusammenhang sind die Ergebnisse aus der repräsentativen Studie „Vorlesen im Kinderalltag 2008" besonders erschreckend: 37 Prozent der befragten Vier- bis Elfjährigen gaben an, niemals vorgelesen zu bekommen. Bemerkenswert ist auch, dass in anderen Kulturkreisen das Vorlesen für Kinder überhaupt nicht üblich ist; bestätigt wurde mir dies z. B. von türkischen und indischen Freunden.

Für Schreibanfänger ist es sinnvoll, nachdem sie die Alphabetschrift mit ihren 26 Zeichen und deren Synthese zu Wörtern erlernt haben, zunächst von geschriebenen Wortbildern auszugehen. Durch häufiges Lesen bekommen Schreibanfänger zunehmend eine Vorstellung von Wortgestalten. Ibler weist darauf hin, dass Wortbilder, die durch Buchstaben mit Unter- und Oberlängen gut gegliedert sind, sich besser einprägen als gleichförmige.

Im Erstklassunterricht wird früh die akustische Diskriminations-Kompetenz trainiert, also die Fähigkeit, gehörte Laute zu unterscheiden und in Buchstaben umzusetzen. Darüber hinaus wird anhand einfach strukturierter Lernwörter mit lautgetreuer Schreibung – wie z. B. in *Mama, Opa, Hase* – die Synthese von Buchstaben und Lauten zu Silben und Wörtern geübt.

Bewusste Wortbild-Einprägung (Speichertraining) findet über das Erlernen eines Grundwortschatzes häufig gebrauchter, einfacher Wörter statt. Methodisch wird hierbei ganzheitlich vorgegangen, d. h. Wortbilder werden als Ganzes optisch und schreibmotorisch vermittelt. Durch häufiges Abschreiben und Aufschreiben in immer neuen Sinnzusammenhängen soll allmählich eine sichere, möglichst automatisierte Reproduktion dieser Wörter erreicht werden. Der Grundwortschatz besteht zum einen aus sogenannten Kleinwörtern wie Artikel, Pronomen, Präpositionen, Konjunktionen etc., zum anderen aus häufig verwendeten Substantiven, Adjektiven und Verben, die für altersgemäße kleine Texte brauchbar sind.

Bei Kindern, die unter einer Speicherschwäche (Merkfähigkeits-Problemen) leiden, ist es sinnvoll, früh mit ähnlichen Wortbildern zu arbeiten und sie auf die Unterschiede hinzuweisen (z. B. *Hund, Mund, rund*). So können sie unterstützend auf analogisierendes Denken zurückgreifen. Auch das Üben mit häufig auftretenden Wortteilen (Morphemen) wie *-aus, -ank, -atz, -ind, -och, -isch* usw. erleichtert in dieser Phase die Reproduktion ganzer Wortgruppen.

Schüler, die später als „Legastheniker" auffällig werden, sind in dieser frühen Phase oft noch in der Lage, relativ fehlerlos zu schreiben. Sie können den zunächst begrenzten Wortschatz und sogar vollständige kurze Diktate auswendig lernen, so dass das bei ihnen oft bestehende Grundproblem mangelnder akustischer Differenzierungsfähigkeit noch nicht sichtbar wird.

Die letzte Stufe auf dem Weg zu einer (weitgehend fehlerfreien) Rechtschreibung ist das Regeltraining, das nicht nur die geistige Reife für die Anwendung von Wahrnehmungsfunktionen, sondern auch Denkfunktionen voraussetzt, da hier abstrakte Regeln auf konkrete Worteinzelfälle angewandt werden müssen. Einige wenige Rechtschreibregeln reichen aus, um eine große Anzahl der deutschen Wörter korrekt schreiben zu können.

Am Ende eines gelungenen Aneignungsprozesses kann das gespeicherte Rechtschreib-Wissen (das „innere" orthographische Lexikon) beim Schreibvorgang automatisiert abgerufen werden. Die Speicherfunktion ist damit die wichtigste Grundvoraussetzung des Schreibens! Bei auftretenden Unsicherheiten im Rechtschreibvorgang können analytische Hilfsfunktionen als Lösungsmethode eingesetzt werden (vgl. Ibler 1973, S.19 ff).

Zu diesen Hilfsfunktionen zählen:

- ⇨ Die **akustische** Lösungsmethode: Ableitung vom Wortklangbild (begrenzt anwendbar wegen der „Uneindeutigkeit" der Rechtschreibung)
- ⇨ Die **visuelle** Lösungsmethode: Ableitung über das Wortbild, indem mehrere phonetisch mögliche Schreibungen nebeneinander geschrieben werden und durch Vergleich die richtige Schreibung aus der „verblassten" Erinnerung gefunden wird (*rückwerts* – *rückwärz* – ***rückwärts***; *Se* – ***See*** ...)
- ⇨ Die **analoge** Lösungsmethode: Ableitung über das Wissen von der Gleichartigkeit der Schreibungen, insbesondere von Wortteilen wie Vorsilben und Endungen (z. B. *Maschine, Lawine, Kabine*). Auch diese Methode ist aufgrund der Ausnahmeschreibungen begrenzt (*Bahn, Hahn, Zahn*, aber *Kran, Schwan* etc.).
- ⇨ Die **logische** Lösungsmethode: Ableitung durch die Anwendung von Regeln, etymologischem Wissen, Wortfamilienbildung etc.

Regeln, Regelabweichungen und Wörterlisten

1. Ein paar Grundregeln der deutschen Rechtschreibung

➪ Wörter der deutschen Sprache enthalten in ihrer Schreibung immer eine Kombination von **Konsonanten** (Mitlauten):
b, c, d, f, g, h, j, k, l, m, n, p, q, r, s (ß), t, v, w, x, y, z
und **Vokalen** (Selbstlauten): ***a, e, i, o, u***
oder/und **Umlauten**: ***ä, ö, ü***
oder/und **Diphtongen** (Doppellauten): ***ai, ei, au, äu, eu***
Nur Wortabkürzungen oder ein Appell wie „*Pscht!*" oder „*Pst!*" können ohne einen Vokal auskommen.

➪ Jedem Laut entspricht entweder ein Buchstabe oder eine Buchstabenverbindung (wie z. B. ***sch, sp, st, ch, ng, ph, ie***). Es gibt allerdings keine Eindeutigkeit (1:1-Verhältnis) in der Zuordnung von Laut und Buchstabe oder Buchstabenkonstellation. Es gibt häufige und weniger häufige Zuordnungen, beispielsweise wird ein lang gesprochenes „**i**" meist als ***ie***, selten als ***i, ih*** oder ***ieh*** abgebildet.

➪ Die deutsche Rechtschreibung schließt für den Laut „**kw**" die Schreibung ***kw*** vollständig aus. Hierfür wird das Graphem ***qu*** gesetzt (*Qualle, quer, bequem …*)

➪ Die Lauteinheiten „schp" und „scht" am Wortanfang gibt es nicht als Schreibungen, sondern sie werden als ***sp*** bzw. als ***st*** schriftlich wiedergegeben.

➪ Die Vokale ***i*** und ***u*** und die Umlaute (***ä, ö, ü***) werden nie verdoppelt.

➪ In keinem deutschen Wort findet sich ***j*** als letzter Buchstabe.

Die folgenden Regeln beziehen sich auf das amtliche Regelwerk des „Rats für deutsche Rechtschreibung" von 2006. In ihrer Formulierung sind sie teilweise abgeändert.

2. Wörter mit kurzen Vokalen (Selbstlauten) oder kurzen Umlauten (ä, ö, ü)

2.1 Verdopplung von Konsonanten (Mitlauten)

Die folgende Regel stellt eine der wichtigsten in der deutschen Rechtschreibung dar, da sie auf einfache Weise Wörter eindeutig und unterscheidbar von ähnlich klingenden macht:

Merke!

Folgt im Wortstamm auf einen betonten, kurz gesprochenen Vokal nur ein **einzelner** Konsonant, so kennzeichnet man beim Schreiben die Kürze des Vokals durch Verdopplung dieses Konsonanten.

Beispiele: *Tanne, Semmel, Gitter, Suppe, Affe, schnell, tippen* ...

Bei ursprünglich aus Fremdsprachen abgeleiteten Wörtern kann auch das Wortende, also nicht der Wortstamm, betont sein. Auch dann kommt es nach kurzem Vokal im Wortstamm zur Konsonanten-Verdopplung.
Beispiele: *Buffet, Effekt, Lotterie, Karussell, Konkurrenz, Porzellan* ...

Aus der Sicht des Lesenden bedeutet diese Regel:

Vokale werden kurz gesprochen, wenn ihnen ein verdoppelter Konsonant folgt.

Fast immer gilt dies auch, wenn zwei oder mehr **verschiedene** Konsonanten folgen: *kurz, Falte, Hand, Park, krank, Senf, hart, Wurst* ... (siehe Kap. 2.2, S. 30)

Ausnahmen mit lang gesprochenem Selbstlaut: *Mond, Wert, Vogt* ...

Grundschüler haben häufig Probleme bei der Anwendung dieser Regel, da sie zunächst nicht verstehen, was mit einem kurz oder lang gesprochenen Vokal gemeint ist. Hier ist es sinnvoll, die Unterscheidungsfähigkeit anhand von Hörübungen mit der Gegenüberstellung von Gegensatz-Paaren zu trainieren:

kurzer Vokal	langer Vokal
Lamm	*lahm*
Stall	*Stahl*
stellen	*stehlen*
Herr	*Heer*
Bett	*Beet*
Mitte	*Miete*
Risse	*Riese*
wirr	*wir*
Hölle	*Höhle*
füllen	*fühlen*
satt	*Saat*
hassen	*Hasen*
Ratte	*Rate*
sollen	*Sohlen*
innen	*ihnen*

David Bergmann führt in seinem Buch *„Der die was? Ein Amerikaner im Sprachlabyrinth“* gute Beispiele für Hörübungen an (siehe Bergmann, 2009, S. 47): *„Die Haare waren beharrlich, bis der Kamm kam.“*

„Der Ofen ist offen, die Rosse fressen die Rosen, die Schotten essen die Schoten und die Motte ist in der Mode."
„Wir sahen den irren Iren wirr auf dem schiefen Schiff mit den riesigen Rissen."

Bei **Doppellauten (Diphtongen)** erübrigt sich das Nachdenken darüber, ob sie lang oder kurz gesprochen werden:

Alle Diphtonge (***au, eu, äu, ei, ai***) sind wie lang gesprochene Vokale einzuordnen – daher keine Konsonantenverdopplung nach Diphtongen!

Beispiele: *laut, Keule, Räuber, Reifen ...*

Sehr häufig ist die Konsonanten-Verdopplung bei Wörtern mit den Buchstaben ***f, l, m, n, p, r, s, t*** nach kurzem Selbstlaut zu finden.

Auch viele aus dem Lateinischen entlehnte Wörter zeigen durch die Angleichung des letzten Vorsilben-Konsonanten an den ersten Konsonanten des Wortstammes Verdopplungen. Beispiele:
Addition, Aggression, Suggestion,
Differenz, Opposition, Symmetrie, korrekt ...

Eher selten ist die Konsonanten-Verdopplung bei Wörtern mit ***b***, ***d*** und ***g***.
Die Wörterlisten auf den folgenden zwei Seiten enthalten alle Wörter mit ***bb, dd*** und ***gg*** im Duden, ausgenommen einige sehr wenig gebräuchliche.

Wörter mit *bb*

abnibbeln	*Hubbel*	*ribbeln*
babbeln	*Kabbala*	*Robbe*
bibbern	*Kibbuz*	*rubbeln*
blubbern	*knabbern*	*Sabbat*
brabbeln	*Knubbel – knubb(e)lig*	*Sabber – sabbern*
dribbeln	*Krabbe*	*schlabbern*
Ebbe	*krabbeln*	*Schrubber*
Gibbon	*kribbeln – kribb(e)lig*	*schwabbelig*
Glibber	*labbern – labb(e)rig*	*strubb(e)lig*
grabbeln	*Mobbing - mobben*	*wabbeln – wabb(e)lig*
hibbelig	*Lobby*	
Hobby	*Rabbi*	

Wörter mit dd

Buddel	Kuddelmuddel	Schmuddel – schmudd(e)lig
buddeln	Loddel	Schnodder – schnodd(e)rig
daddeln	Modder	schnudd(e)lig
fleddern	Paddel - paddeln	Schredder - schreddern
jiddisch	pladdern	Teddy
Kladde	Pudding	Troddel
Kladderadatsch	Quaddel	verheddern
knuddeln - knuddelig	Schmadder - schmaddern	Widder

Wörter mit gg

Bagger - baggern	giggeln	meschugge
bloggen	groggy	Nigger
Dogge	joggen	Roggen
Egge	Knigge	Schmuggler – schmuggeln
ein/ausloggen	Kogge	triggern
Flagge	Leggings	Waggon

Merke!

Eine besondere Regel gilt für die Schreibung von **k** und **z** nach kurz gesprochenem betontem Vokal:

Statt ***kk*** schreibt man ***ck***!

Statt **zz** schreibt man **tz**!

Beispiele:

kurzer Vokal	langer Vokal
Lack	*Laken*
Ecke	*Ekel*
Spucke	*Spuk*
sitzen	*siezen*
Dutzend	*duzen*
petzen	*Brezel*

Nach Diphtongen (die als lang gesprochene Laute einzuordnen sind) wird niemals **tz** oder ***ck*** geschrieben, sondern nur ein einfaches **z** *oder* ***k***!

Beispiele: *Kreuz, Kauz, Kiez …*

Ausnahmen von der Regel „***ck*** statt ***kk*** und **tz** statt **zz**“ finden wir in Wörtern, die ursprünglich aus **Fremdsprachen** (insbesondere dem Lateinischen und Italienischen) kommen. Dies betrifft

⇨ zum einen alle Wörter mit der Vorsilbe *ak-* (ursprünglich *ac-*) oder *ok-* (ursprünglich *oc-*) und folgendem k-Laut im Wortstamm.

Beispiele:
Akkord, akkurat, Akku(mulator), akklimatisieren, Akkusativ, akkreditieren ...
Okkasion, okkult, okkupieren ...

⇨ zum anderen die folgenden:

Wörter mit *kk*

Brokkoli (auch: Broccoli)	*Sakko*	*Stukkateur (neu: Stuckateur)*
Makkaroni	*Schirokko*	*trekken (engl.)*
Mokka	*sekkieren (österr.)*	
Pikkolo (auch Piccolo)	*Stakkato*	

Wörter mit zz

Bajazzo	*Lipizzaner*	*Pizzikato*
Blizzard	*Mezzo-*	*Puzzle*
Fuzzi	*Mozzarella*	*Razzia*
Grandezza	*Muezzin*	*Skizze*
Grizzlybär	*Palazzo*	*Terrazzo*
Intermezzo	*Piazza*	
Jazz	*Pizza*	

2.2 Ausnahmen von der Verdopplungs-Regel

Merke!

Die Konsonanten-Verdopplung nach kurzem Vokal erübrigt sich, wenn dem Vokal zwei oder mehr, nicht gleiche Konsonanten folgen,

wie z. B. in: *alt, Hang, Hemd, Dampf, fälschen, plump, links ...*

Daher ist auch die folgende Regel zu merken:

Nach ***l, m, n, r*** steht nie ***ck*** und nie **tz**!

Beispiele: *Balken, Imker, krank, Birke ...* *Holz, Wanze, Arzt, schwarz ...*

Weitere Ausnahmen von der Konsonanten-Verdopplung nach kurz gesprochenem Vokal (vgl. § 4 des amtlichen Regelwerks):

⇨ einige **einsilbige** Wörter, die eine grammatische Funktion haben:
ab, an, bis, des, es, in, man, mit, ob, um, was ...

⇨ ***das*** (als Artikel oder Pronomen, aber: ***dass*** als Konjunktion; siehe S. 47)

⇨ die Beugungsformen der Verben *sein* und *haben*: ich ***bin***, er ***hat***

⇨ eine Reihe **einsilbiger** Nomen und Adjektive
(oft Lehnwörter aus dem Englischen):
Bus, Chip, fit, Gag, Hit, Jet, Job, Kap, Klub, Mob, Pop, Rum, Set, Slip, Sprit, Strip, top ...
(**aber**: *Busse, fitter, jetten, jobben, mobben, poppig, Setting, Slipper, Stripper, toppen ...*)

⇨ Viele **Fremdwörter** schreibt man ohne Konsonanten-Verdopplung:

April	*Kamera*
City	*Kapitel*
Hotel	*Roboter*
Limit	...

Achtung! bei Wörtern mit den folgenden Endungen; hier wird der Konsonant am Ende **nur im Plural** verdoppelt:

-in: *Königin* – *Königi**nn**en*, *Arbeiterin* – *Arbeiteri**nn**en*
-nis: *Erlebnis* – *Erlebni**ss**e*, *Geheimnis* – *Geheimni**ss**e*
-as: *Ananas* – *Anana**ss**e*, *Atlas* – *Atla**ss**e* (auch: *Atlanten*)
-is: *Kürbis* – *Kürbi**ss**e*
-os: *Albatros* – *Albatro**ss**e*, *Rhinozeros* – *Rhinozero**ss**e*
-us: *Krokus* – *Kroku**ss**e*, *Globus* – *Globu**ss**e* (auch: *Globen*)

⇨ Viele Wörter, die aus anderen Sprachen (besonders aus dem Lateinischen und Griechischen) übernommen wurden, werden nur mit **einfachem *k*** geschrieben, obwohl der Vokal davor kurz gesprochen wird:

elektrisch	*Doktor*	*Pakt*
Diktat	*Hektar*	*Sektor*
direkt	*Insekt*	*Takt*
Direktor	*Oktober*	*Traktor ...*

⇨ Dies gilt auch für alle Wörter mit der Endung ***-ik***, die nicht auf der Endsilbe betont werden:
Klinik, Technik, Mechanik ...

3. Wörter mit langen Vokalen (Dehnung)

Für die Kennzeichnung lang gesprochener Vokale gibt es in der deutschen Rechtschreibung unterschiedliche Möglichkeiten.

3.1 Dehnung der Vokale a, e, o, u (und Umlaute ä, ö, ü)

Merke!

Die einfachste und häufigste Form ist die Schreibweise „Vokal mit **einem** folgenden Konsonanten" (sog. unsichtbare Dehnung)

z.B.: *Dame, Feder, Tod, Zug ...*
Bär, hören, grün ...

Merke!

Die Länge von a, e, o kann in einer kleineren Anzahl von Wörtern durch Verdopplung des Vokals gekennzeichnet werden:

Wörter mit *aa*

Aal – aalen	*Kraal*	*Saat*
Aar	*Maar*	*Staat – staatlich*
Aas – aasen	*Maat*	*Waage – waagrecht*
Haar – haaren	*Paar – ein paar – paaren*	
Kaaba	*Saal*	

Wörter mit ee

Beere	*Heer – verheeren*	*Meerrettich*	*Seele*
Beet	*Klee*	*Paneel*	*Speer*
Fee	*Krakeel – krakeelen*	*Reede(r)*	*Tee*
Fleet	*Lee*	*Reet*	*Teer – teeren*
Freesie	*Leere – leer*	*scheel*	
Galeere	*Lorbeer*	*Schnee*	
Geest	*Meer*	*See*	

außerdem Wörter **mit betontem langem e am Wortende**:

Allee	*Frottee*	*Konsommee*	*Pürree*
Armee	*Gelee*	*Livree*	*Renomee*
Chaussee	*Glacee*	*Matinee*	*Resümee*
Chicoree	*Haschee*	*Moschee*	*Schikoree*
Defilee	*Idee*	*Negligee*	*Separee*
Dragee	*Kaffee*	*Odyssee*	*Soiree*
Dublee	*Kanapee*	*Papiermaschee*	*Soufflee*
Entree	*Klischee*	*passee*	*Theodizee*
Exposee	*Komitee*	*Plissee*	*Tournee*
Frikassee	*Komunikee*	*Portmonee*	*Varietee ...*

Achtung!

Das Doppel-e in Fremdwörtern aus dem Englischen wie z. B. in *Barkeeper, Meeting, Peepshow, Queen, Teenager* wird als **„i“** gesprochen.

Wörter mit oo

Boot	*Zoo*
Moos	*doof*
Moor	*Koog (nur im norddeutschen Sprachraum)*

Achtung!

Das Doppel-o in Fremdwörtern aus dem Englischen wie z. B. in *Boom, Looping, cool* wird meist als **„u“** gesprochen, manchmal auch als langes **„o“** wie z.B. in *floor, door.*

Die Schreibung ***uu*** gibt es in der deutschen Rechtschreibung nicht!

Die dritte Kennzeichnungs-Möglichkeit für die lang gesprochenen Vokale *a, e, o, u* ist die Schreibung mit **„Dehnungs-*h*“**, insbesondere vor *l, m, n, r* im Wortstamm (zu den Regeln der Schreibung siehe Kap. 3.3):

Beispiele: *Bahn, Mehl, Ohr, Stuhl ...*
Das gilt ebenso für die lang gesprochenen Umlaute *ä, ö, ü:*
gähnen, stöhnen, kühl ...

3.2 Dehnung des Vokals i *(ie, ih, ieh)*

Merke!

In den **meisten** deutschen Wörtern wird das lang gesprochene „**i**" durch Anfügen eines **e** (sog. **Dehnungs-e**) gekennzeichnet:

- *Sieb, Brief, viel, spielen ...*
- auch am Wortende: *nie, Knie ...*
- aber: *ie* steht **niemals** am Wortanfang.

Auch in Fremd-/Lehnwörtern mit den betonten, lang gesprochenen Endungen *-ieren* (bei Verben) und *-ie* (bzw. *-ier*)(bei Nomen)
wie z.B. in:

agieren	*Akademie*	*Barbier*
balancieren	*Allergie*	*Klavier*
deprimieren	*Batterie*	*Manier*
favorisieren	*Chemie*	*Scharnier*
garnieren	*Drogerie*	*Turnier ...*
harmonieren	*Energie*	
lamentieren	*Fantasie*	**aber**: *Saphir,*
monieren	*Genie*	*Souvenir*
notieren	*Harmonie*	*Vampir ...*
pulsieren	*Kopie*	
regieren	*Lotterie*	
sortieren	*Magie*	
toupieren	*Parodie*	
vibrieren	*Regie*	
zelebrieren ...	*Strategie*	
	Theorie	
	Utopie	
	Zeremonie ...	

Merke!

Die Schreibung ***i* mit folgendem Dehnungs-*h*** findet sich nur in den Personalpronomen-Formen *ihm, ihn, ihnen, ihr* und den Possessivpronomen-Formen *ihr, ihre, ihren, ihrer.*

Achtung! Die Schreibung ***-ieh*** gibt es nur in dem Nomen ***Vieh***

und in einigen Beugungsformen von Verben, die im Infinitiv nach ***ie*** ein silbentrennendes ***h*** aufweisen:

flieht (fliehst, flieh)	–›	*fliehen*
zieht	–›	*ziehen*

bzw. in den Beugungsformen von Verben mit silbentrennendem ***h*** oder **Dehnungs-*h*** in veränderter Stammform:

sieht (siehst, sieh)	–›	*sehen*
geschieht	–›	*geschehen*
befiehlt	–›	*befehlen*
stiehlt	–›	*stehlen*
empfiehlt	–›	*empfehlen*

sowie bei folgenden Vergangenheitsformen:

gedieh – gediehen	–›	*gedeihen*
verzieh – verziehen	–›	*verzeihen*
lieh – geliehen	–›	*leihen*

Die Schreibung ***ii*** gibt es in der deutschen Rechtschreibung nicht!

Merke!

In den folgenden deutschen Wörtern bzw. Entlehnungen aus Fremdsprachen wird das lang gesprochene **i** nur als einfaches ***i*** geschrieben:

dir, mir, wir
gib, gibst, gibt
(da)hin
Bibel
Biber
Bikini
Bisam
Biwak
Bizeps
Brise
Diwan
Fibel
Fidel
Igel
Individuum
Iris

Kaliber
Kaninchen
Kasino
Kassiber
Kilo
Kino
Kiosk
Klima
Konditor
Kontinuum
Krise
Lid (Achtung Homophon: *Lied*)
lila
Lilie
Linie

Liquor
Liter
Mikro
Mimik
Mine (Achtung Homophon: *Miene*)
Minus
Nische
Pik
Prim-
prima
Primel
Prise
Risiko
Sigel (Achtung Homophon: *Siegel*)
Silo

Sinus
Sirup
Ski
Stil (Achtung Homophon: *Stiel*)
Tiger
Titel
Trio
Video
Viper
Virus
Visum
wider (Achtung Homophon: *wieder*)
Wisent

In den meisten in der deutschen Sprache benutzten Fremdwörtern wird das lang gesprochene **i** nur als einfaches ***i*** geschrieben.

Dies betrifft Wörter mit den Endungen:

-ibel:	*flexibel, penibel, sensibel*
-id:	*paranoid, hybrid*
-ide:	*Pyramide, Invalide, solide*
-if:	*Tarif, Kalif*
-ige:	*Intrige*
-ik:	*Kubik, Musik, Fabrik, antik, publik*
-ikel:	*Artikel, Vehikel, Follikel*
-il:	*Reptil, Ventil, senil, fragil, debil*
-im:	*legitim, intim, sublim, maritim*
-ime:	*Maxime*
-in:	*Kamin, Ruin, Termin, Benzin, alpin*
-ip:	*Partizip, Prinzip*
-ire:	*Satire*
-is:	*türkis, konzis*
-ise:	*Markise, Aquise, Remise, präzise*
-it:	*Bandit, Parasit, Kredit, explizit, exquisit*
-ite:	*Elite, Rendite*
-itis:	*Rachitis, Gastritis, Hepatitis*
-iv:	*Stativ, kursiv, aktiv*
-ive:	*Initiative, Lokomotive*
-iz:	*Miliz, Hospiz, Justiz, Notiz, Indiz*
-ize:	*Komplize, Novize*

(Die Endungen *-it* und *-ik* können auch kurz gesprochen werden!)

Außerdem die große Gruppe der Wörter, die auf ***-ine*** enden:
Apfelsine, Cousine, Gardine, Gelatine, Kantine, Lawine, Mandarine, Margarine, Maschine, Praline, Rosine, Turbine, Violine ...

Achtung! **aber**: *Schiene, Miene ...* (da der i-Laut im **Wortstamm**!)

3.3 Dehnungs-*h* (und silbentrennendes *h*)

Wie in Kapitel 3.1 und 3.2 bereits erwähnt, wird das Dehnungs-*h* benutzt, um die Länge eines vorangehenden Vokals zu kennzeichnen. Da es aber für die Schreibung des Dehnungs-*h* keine einheitlichen Regeln gibt, ist es nicht verwunderlich, dass hier die häufigste Fehlerquelle in der deutschen Rechtschreibung zu finden ist.

Die Forderung vieler Rechtschreib-Reformer, das Dehnungs-*h* wegen seiner teils unlogischen Schreibung abzuschaffen, hat sich bisher nicht durchsetzen können. Wenn wir Texte von Schriftstellern lesen, die es aus Überzeugung weglassen, sind wir zunächst etwas befremdet, gewöhnen uns aber erfahrungsgemäß nach einigen Seiten daran. Hier als Beispiel eine Textstelle aus einem Brief von Hedwig von Pringsheim, der Schwiegermutter des Schriftstellers Thomas Mann, an Fritz Endres vom 7. Juni 1931 (zitiert nach Jens, I. u. W., 2005, S. 181): *„Manns (Klaus und Erika Mann, Anmerkung d. V.) werden immer berümter, füren ein reichbewegtes Leben und kommen auf ihren Farten durch die Welt mit Ländern, Meeren und Giganten (des Geistes) in dauernde Berürung."*

Zunächst muss man jedoch unterscheiden zwischen **echtem Dehnungs-*h*** und **silbentrennendem *h*** (auch wenn diese Unterscheidung in der heutigen Rechtschreibtheorie erstaunlicherweise kaum mehr üblich ist):

Das **silbentrennende *h*** steht zwischen zwei Vokalen am Anfang einer neuen Silbe (wobei der Vorgänger-Vokal oder -Umlaut betont und lang gesprochen wird, der nachfolgende kurz und unbetont).

Früher deutlich gesprochen, ist dieses *h* heute weitgehend „verstummt", lässt sich aber noch immer artikulieren. Es erleichtert als Trennmarkierung bei vielen Wörtern das Lesen, wie an folgenden Beispielen zu sehen ist:

ste-hen
beina-he
zie-hen
fä-hig
Hö-he

Das silbentrennende *h* kann auch nach dem Diphtong *ei* stehen:

gedeihen
leihen
Weiher
seihen

aber: *sie seien* (Konjunktivform von *sein*)
schreien
schneien

Merke!

Das silbentrennende *h* steht **nie** nach den Diphtongen *eu* und *au:*

Grauen
Bauer
Treue
freuen
miauen ...

Achtung! Sie *säen* im Gegensatz zu sie *sähen* (Konjunktivform von *sehen*).

Ein paar hilfreiche Regeln bzw. Regeltendenzen zur Schreibung des (echten) Dehnungs-*h*:

Das Dehnungs-*h* steht **häufig** – aber nicht immer – nach einem betonten langen Selbstlaut (oder Umlaut) vor den Buchstaben ***l, m, n, r,*** wenn kein weiterer Konsonant folgt **und** wenn das Wort mit **einem** Konsonanten oder ***dr, pf, pr, st, str*** beginnt.

Beispiele:

Wahl (**aber:** *der Wal)*
Zahl
fahl
kahl
fehlen
hohl (**aber:** *hol!)*
johlen
lahm
nehmen
Rahm
Ruhm
Bohne
dehnen (**aber:** *denen)*

Kahn
Lohn
Sahne
wohnen
Zahn
bohren
fahren
wahr (**aber:** *ich war)*
zähmen
gähnen
Möhre
Bühne
sühnen

Dr*aht*
Pf*ahl*
pr*ahlen*
St*uhl* (**aber:** *Star, stur ...* kein Dehnungs-*h* nach ***st,*** wenn nach dem langen Selbstlaut ein ***r*** folgt)

Str*ähne* (**aber:** *Strom ...* kein Dehnungs-*h* nach ***str,*** wenn nach dem langen Selbstlaut ein ***m*** folgt)

Das Dehnungs-*h* steht so gut wie **nie** vor den Verschlusslauten ***b, d, f, g, k, p, s, t***.

Beispiele:

Stab	*Luke*
Pfad	*Gas*
Ruf	*Tat*
Lug und Trug	

Das Dehnungs-*h* steht **nicht** nach ***kr, kl, sch, schw, sp, p, qu, t*** im **Wortanlaut**.

Beispiele:

Kram, Krone ...

klar, klug, Klon ...

Schule, Schal, Scham, Schere, schon, schön ...

Schwan, schwer, schwelen, schwül ...

Span, sparen, Spule, Spur, spüren ...

Pate, Pute ...

Qual, bequem, quer ...

Tal, Tor, Tod, tot ...

Achtung! In den beiden Verben ***ahnden*** und ***fahnden*** steht ein Dehnungs-*h* (obwohl nach *n* ein weiterer Mitlaut in der neuen Silbe folgt).

Das Dehnungs-*h* bleibt auch bei Deklinations- und Konjugationsformen, bei Stammveränderungen und Ableitungen des Wortes erhalten:

befehlen –› er befiehlt (s. Kap. 3.2 zum langen i)
nehmen –› er nahm

Achtung! Einige einsilbige Wörter haben ein *h* am Ende, weil in ihrer Mehrzahlform das silbentrennende *h* steht:

Kuh –› Kühe
Schuh –› Schuhe
Floh –› Flöhe
zäh –› zähe
früh –› frühe

Merke!

Die **Vorsilbe *ur-*** wird ohne Dehnungs-*h* geschrieben (im Gegensatz zum Wort ***Uhr*** und dessen Wortverbindungen):

Urlaub, Ursache, Urteil, ursprünglich ...
Uhrzeiger, Uhrzeit ...

Merke!

Die Nachsilben ***-bar, -sal, -sam, -tum*** werden ohne Dehnungs-*h* geschrieben.

Beispiele: *Nachbar, heilbar, Schicksal, einsam, Reichtum ...*

Abgeschafft wurde bei der Rechtschreibreform das Endungs-*h* in den Wörtern *rau* und *Känguru.*

4. Wörter mit s-Lauten (*s, ss, ß*)

In der deutschen Rechtschreibung gibt es drei Möglichkeiten, den s-Laut wiederzugeben: ***s* – *ss* – *ß***
(Bezieht man die Fremdwörter mit ein, in denen **c** als „s" gesprochen wird, sind es sogar vier mögliche Schreibweisen.)

In der **Aussprache** unterscheidet man nur zwei verschiedene s-Laute:

1. der **stimmhafte** (weiche, gesummte) s-Laut (*Sonne, Riese, Insel, Vase ...*)
2. der **stimmlose** (harte, scharfe, gezischte) s-Laut (*Kasse, Riss, Gruß, draußen, es, fies ...*)

Für Anfänger sind Hörübungen an Unterscheidungs-Paaren sinnvoll.
Beispiel: *reisen – reißen*
(Besonders geübt werden muss im Süden Deutschlands, da hier gerne alle s-Laute stimmlos gesprochen werden!)

Merke!

Der stimmhafte s-Laut wird immer als ***s*** geschrieben.
Der stimmlose s-Laut kann in den Schreibweisen ***s, ss, ß*** vorkommen!

Für die Schreibung des stimmlosen s-Lautes gilt zunächst einmal die folgende Grundregel:

Für den stimmlosen (scharfen) s-Laut schreibt man nach lang gesprochenen Vokalen und Diphtongen ein ***ß***.
Für den stimmlosen (scharfen) s-Laut schreibt man nach kurz gesprochenen Vokalen ***ss***.

Steht auf der Schreib-Tastatur kein *ß* zur Verfügung, schreibt man ss. Auch bei der Schreibung mit Großbuchstaben ist natürlich der Ersatz durch Doppel-s zulässig: *STRASSE*). In der Schweiz ist die Schreibung mit *ß* überhaupt nicht üblich.

Die vor der Rechtschreibreform gültige Ausnahmeregelung, dass ss (bei vorhergehendem kurzen Selbstlaut) in *ß* umgewandelt wird, wenn es vor einem *t* oder am Silben- bzw. Wortende steht, wurde abgeschafft:
Kuss –> *Küsse* (früher: *Kuß* –> *Küsse*); *er* ***hasst*** –> *hassen* (früher: *er haßt* –> *hassen*)

Wenn man diese Neuregelung (Wegfall des Wechsels von ss zu *ß*) einmal verinnerlicht hat, ist sie als echte (kleine) Erleichterung im „Labyrinth" der deutschen Rechtschreibung zu empfinden!

Anderes dagegen bleibt weiterhin kompliziert: Einen Wechsel von *ß* zu ss innerhalb einer Wortfamilie kann es dann geben, wenn sich die Länge des betonten Vokals verändert:
fließen –> er floss; wissen –> er weiß; genießen –> er genoss – Genuss

Achtung! Durch Wortzusammensetzungen kann auch nach einem Umlaut die Schreibung **ss** stehen: *Aussaat, aussetzen, Eisscholle ...*

Wegen der neuen s-Regelung treffen bei bestimmten Wortzusammensetzungen drei s aufeinander: *Passstraße, schusssicher ...*
ebenso in Wörtern mit der Vorsilbe *Miss-* : *Missstimmung, Missstand.*
Hier ist auch die Schreibweise *Miss-Stimmung, Miss-Stand* möglich.

Normalerweise wird bei Verben in der 2. Person Singular ein *st* angehängt. Bei Verben mit *s, ß* oder *ss* am Ende des Wortstammes fällt das s der Endung *st* weg:
du küsst, du beißt, du heißt, du reist, du reißt ...
(ebenso wie bei *x* und *z* am Ende des Wortstammes: *du mixt, du sitzt ...*
und beim Superlativ das s der Endung *-ste: groß –> größte*).

In folgenden Fällen wird der stimmlose s-Laut (nur) als einfaches *s* geschrieben:

- in den Wörtern: *es, das, ans, ins, bis, aus, Bus ...*
- in Wörtern mit der Endung *-nis, -is, -os, -as ...*
  (vgl. Kap. 2.2: Ausnahmen von der Verdopplungs-Regel)
- in Wörtern, die einen s-Laut am Ende haben, der bei Verlängerung des Wortes, z. B. durch Mehrzahlbildung oder Steigerung, zum stimmhaften s-Laut wird:
  Preis –› Preise, Maus –› Mäuse, Gras –› Gräser, fies –› fieser –› am fiesesten
  aber: *Gruß –› Grüße, Spaß –› Späße – spaßig*

In einigen Fremdwörtern wird der s-Laut als *c* geschrieben:

(in diesen Wörtern folgt dem *c* meist ein e oder *i*)

Annonce	*Facette*	*Piercing*
Balance	*Farce*	*Police*
Center	*Fleece*	*Sauce*
Chance	*Necessaire*	*Service*
City	*Nuance*	*Trance ...*

Bei einigen dieser Fremdwörter ist nach den neuen Rechtschreibregeln neben der fremdsprachigen auch eine integrierte (eingedeutschte) Schreibweise zulässig:
Fassette, Nessessär, Soße ...

4.1 Zur Unterscheidung von *das* und *dass*

(1)„Ich hoffe, *dass* Ihnen *das* Buch, *das* Sie zum Training der Rechtschreibung gekauft haben, hilft."
(2) „Ja, *das* würde ich sogar weiterempfehlen."
(3)„*Dass* Sie *das* sagen, freut mich sehr."

Das Problem, das sich in diesen Beispielsätzen darstellt, ist, dass bei gleicher Aussprache, je nach **grammatischer Funktion** *das* oder *dass* zu schreiben ist.

Die frühere Schreibweise *daß* (für *dass)* wurde im Zuge der Rechtschreibreform ganz abgeschafft!

Nachdem circa sechs Prozent aller Rechtschreibfehler bei der falschen Anwendung von *das* und *dass* entstehen, sollen die Regeln dazu hier ausführlich erläutert werden.

Zur Schreibung von ***das***:
Im Schulunterricht wird häufig folgende Regel vermittelt:

> Wenn man **das** durch **dies(es)**, **jenes** oder **welches** ersetzen kann, schreibt man ***das***.

Dies ist der Fall, wenn
- *das* ein bestimmter Artikel (Geschlechtswort) ist
  (im Beispielsatz 1: „***das*** *Buch*"; man könnte auch sagen:
  „***dieses***" oder „***jenes*** *Buch*")
- *das* ein Demonstrativpronomen (hinweisendes Fürwort) ist
  (im Beispielsatz 2: ... ***das*** *würde ich sogar weiterempfehlen*";
  man könnte auch sagen: „... ***dieses*** *würde ich sogar weiterempfehlen*".)
- *das* ein Relativpronomen (bezügliches Fürwort) ist
  (im Beispielsatz 1: *das Buch,* ***das*** ...;
  man könnte auch sagen: „*das Buch,* ***welches*** ...).

Zur Schreibung von ***dass***:

Dass ist eine **Konjunktion** (ein Bindewort) und leitet einen Nebensatz ein; davor ist immer ein Komma zu setzen – außer es steht am Satzanfang.

Im Beispielsatz 1: *„Ich hoffe,* ***dass*** ... (*dieses* oder *welches* ist hier **nicht** einsetzbar!)

Im Beispielsatz 3 steht ***dass*** am Satzanfang, weil der Nebensatz vorgestellt, der Hauptsatz nachgestellt ist. (Diese Schreibung ist mit Schülern besonders zu üben!)

Auch die Konjunktionen ***so dass, ohne dass, als dass, außer dass*** und ***anstatt dass*** sind hier einzuordnen:

„Ich bin Schreibanfänger, ***so dass*** *ich noch viele Fehler mache."*
*„**Ohne dass** du viel übst, kann das nicht besser werden."*
„Ich bin zu müde, ***als dass*** *ich jetzt noch üben könnte."*
*„**Außer dass** du klagst, ist von dir nicht viel zu hören."*
„Du könntest mir helfen, ***anstatt dass*** *du mir Vorwürfe machst."*

5. Wörter mit f-Lauten (*f, v, ph*)

Der f-Laut wird im Deutschen mit ***f, v*** oder ***ph*** wiedergegeben.
Am häufigsten ist die Schreibung mit ***f***: *Efeu, fallen, Folie, Sofa ...*

Achtung! Im norddeutschen Sprachraum wird das *Pf* am Anfang eines Wortes als f-Laut gesprochen, wie z. B. in *Pfarrer, Pfau, Pfeil, Pferd, Pfirsich, pflücken ...* und daher von Grundschülern häufig falsch geschrieben.

Die Schreibung mit **v** ist eher selten. Hier eine Liste der wichtigsten Wörter:

Wörter mit v

brav	*Oktav*	*Vetter*	*Vogel*
Frevel	*Pulver*	*Vice*	*Vogt*
Gevatter	*Vater*	*Vieh (Viech)*	*Volk*
hieven	*Veilchen*	*viel (vielleicht);*	*voll (Völlerei, völlig)*
konkav	*Veitstanz*	**aber**: *er (sie, es)* ***fiel*** *(von fallen)*	*von*
Larve	*Vers*		*vor*
Luv	*Vesper*	*vier*	*vorm*
Nerv	*Vettel*	*Vlies*	*vorn*

Weitere Schreibungen mit **v** :

⇨ alle (Fremd-)Wörter mit der betonten Endsilbe ***-iv*** :
aktiv, naiv, progressiv, Stativ ...

Achtung! Es gibt einsilbige deutsche Wörter mit ***f*** am Wortende wie *Brief, schief, tief ...*)

⇨ alle Wörter mit der unbetonten Vorsilbe **ver- :**
Verabredung, versuchen, verlässlich ...

Achtung! Wörter, bei denen *ver-* keine Vorsilbe, sondern Bestandteil des Wortstammes ist, schreiben sich mit ***f*** :

Ferkel	*Ferse*
fern, Fernseher	*fertig*

⇨ alle Wörter, bei denen ***vor-*** und ***voll-*** Vorsilben sind, wie in:
Vortrag, vorstellen, vorsichtig ...
vollenden, vollstrecken, volltrunken ...

Achtung! Wörter, bei denen *for-* und *fol(l)-* Bestandteil des Wortstammes sind, schreiben sich mit ***f*** :

fordern	*Form(at)*	*forschen*	*Folge (folgen, folgsam folgend, folglich)*
Forelle	*Formel*	*Forst*	*Follikel*
Forke	*forsch*	*fort*	*Folter*

⇨ in vielen Fremdwörtern bzw. Entlehnungen aus anderen Sprachen wird das **geschriebene *v*** als **w-Laut** gesprochen:
Vase, Villa, Virus, Klavier, privat, Revolution, Universität, Motivation ...

Bei manchen dieser Wörter schwankt die Aussprache des *v* zwischen einem f-Laut und einem w-Laut:
Initiative, Larve, Pulver, November ...

Die Schreibung ***ph*** kommt nur in Fremdwörtern (vorwiegend aus dem Griechischen) vor:

Alphabet	*Phänomen*	*Phosphat*	*Sphinx*
Apostroph	*Phantom*	*Phosphor*	*Strophe*
Asphalt	*Pharma-*	*Phrase*	*Triumph*
Diphterie	*Phase*	*Physik*	*Trophäe*
Diphtong	*Phiole*	*Physiognomie*	*Typhus*
Katastrophe	*Phlegma*	*Prophet*	*Zellophan ...*
Metapher	*Phlox*	*Saphir*	
Pamphlet	*Phobie*	*Sphäre*	

Außerdem in allen Wortzusammensetzungen mit
- ***-phil-*** wie z. B.: *Philosophie, frankophil ...*
- ***-morph-*** wie z. B.: *Metamorphose, Morphem, Morphium, anthropomorph ...*

Bei Wortzusammensetzungen mit den Wortstämmen ***phon, phot, graph*** ist im Zuge der fortschreitenden Integration von (häufig gebrauchten) Fremdwörtern in die deutsche Schreibung die ursprüngliche neben der integrierten (neuen) Schreibweise zulässig:

Telephon – Telefon	*photogen – fotogen*	*Biographie – Biografie*
Phonetik – Fonetik	*Photograph – Fotograf*	*Graphik – Grafik*

Die Duden-Redaktion markiert die von ihr empfohlenen (integrierten) Schreibweisen gelb. Unter anderem wird jetzt auch die Schreibweise *Delfin* statt früher *Delphin* empfohlen. Die Logik der Empfehlungen im Duden ist jedoch nicht immer nachvollziehbar.

6. Wörter mit x-Lauten (*x, ks, cks, chs, gs*)

Der x-Laut kann im Deutschen als ***x, chs, gs, ks*** oder ***cks*** geschrieben werden.

Am Wortanfang wird der x-Laut immer mit ***x*** geschrieben (*Xylophon, Xaver ...*), im Wortinnern und am Wortende kommen unterschiedliche Schreibungen vor.

Am häufigsten ist die Schreibung mit ***x***:

Wörter mit x

ausbüxen	*extrem, Extremität*	*Klettermax*	*Maximum*
axial	*Fax, faxen*	*Klimax*	*Mixer, mixen*
Axiom	*feixen*	*konvex*	*Monoxid*
Axt	*fix*	*Kortex*	*Nexus*
Botox	*fixieren*	*kraxeln*	*nix*
Box	*flexen*	*Krux*	*Nixe*
Boxer, boxen	*flexibel*	*Kruzifix*	*Noxe*
Dextrose	*Galaxie, Galaxis*	*lax*	*Onyx*
Dioxid	*Haxe*	*Lex*	*orthodox*
Elixier	*Helix*	*Lexikon*	*Oxidation*
Exil	*Hexe*	*Lux*	*paradox*
Exot	*Ilex*	*Luxation*	*perplex*
Extroversion, extrovertiert	*Index*	*Luxus*	*Phalanx*
	Jux	*Mastix*	*Phlox*

Pixel	*relaxen*	*Sphinx*	*Thorax*
Plexiglas	*Saxofon*	*Taxe, Taxi*	*toxisch*
Praxis	*Sex*	*Text*	*verflixt*
Prophylaxe	*Sextant*	*Textil*	*Xylophon*
Reflex	*Sextett*	*Textur*	...

Außerdem alle Wörter, die mit den (lateinischen) Vorsilben **ex-** oder ***extra-*** beginnen: *exakt, exklusiv, Exkursion, Exfrau, Experiment, extravagant, extraordinär, Extrawurst ...*

Die zweithäufigste Wörtergruppe mit x-Laut schreibt sich mit ***chs***:

Wörter mit *chs*

abluchsen	*Flechse, flechsig*	und folgende Tiere:
Achse	*Fuchsie*	*Dachs*
Achsel	*Hachse (südd. Haxe)*	*Echse*
Buchs(baum)	*sechs*	*Eidechse*
Buchse	*wachsen, Wachs, wächsern*	*Fuchs*
Büchse, ausbüchsen	*wachsen, Wuchs, Gewächs*	*Lachs*
Deichsel; deichseln	*Wechsel, wechseln*	*Luchs*
Drechsler, drechseln	*Weichsel(kirsche)*	*Ochse*
Erwachsene, erwachsen	*Wichse*	
Flachs	*Wichser, wichsen*	

Bei folgenden Wörtern schreibt sich der x-Laut als ***ks***:
(kein *ck*, da dem k ein langer Vokal oder ein Konsonant vorausgeht)

Wörter mit *ks*

Keks	*Murks*
Koks	*schlaksig, Schlaks*
links	

Bei anderen Wörtern entsteht der x-Laut durch die Verbindung der Wortstamm-Endung ***k*** und einer Endungsform:

- ⇨ Infinitivformen mit der Endung ***-sen***: *(ab)murksen, kieksen, pieksen, staksen*
- ⇨ Konjugationsformen 2. Person Singular Präsens: *du hinkst, winkst, schminkst ...*
- ⇨ Genitivformen: *(des) Streiks ...*

In folgenden Wörtern finden wir die Schreibung **cks** für den x-Laut
(dabei ist der Vorgänger-Vokal kurz):

Wörter mit *cks*

Gesocks	*Knacks*
Klacks	*Knicks*
Klecks	*Mucks*

... sowie in folgenden Verben mit der Infinitiv-Endung **-*se(l)n***:

drucksen	*hicksen*	*knicksen*
gicksen	*kicksen*	*rucksen*
glucksen	*klecksen*	*schlucksen*
häckseln	*knacksen*	*tricksen*

Außerdem in: *hinterrücks, schnurstracks, zwecks*

Zuletzt sei noch auf die Schreibung **-gs** für den x-Laut hingewiesen, die durch ein **g** am Ende des Wortstammes mit nachfolgendem **s(t)** entsteht:

Wörter mit gs

flugs
schleunigst
wenigstens
Zeugs ...

7. Weitere schwierige Rechtschreibfälle

7.1. Wörter mit *ai*

Es gibt in der deutschen Rechtschreibung eine begrenzte Anzahl von Wörtern, bei denen der Laut ei als ***ai*** geschrieben wird. Diese sind am besten auswendig zu lernen:

Wörter mit *ai*

Bai	*Mai*
Hai	*Maid*
Hain	*Main*
Kai	*Mais*
Kaiser	*Rain*
Laib	*Anrainer*
Laibung	*Saite*
Laich	*Serail*
Laie	*Taifun*
Lakai	*Waise*

Darüber hinaus benutzen wir **Fremdwörter**, die mit ***ai*** geschrieben werden, aber nicht mit ei-Laut gesprochen werden:

fair, Mohair, Necessaire, Saison ...
Trainer, Refrain ...
naiv, Mosaik ...

7.2. Wörter mit dt

Die Buchstabenfolge **dt** ist in der deutschen Rechtschreibung selten:

Die wichtigsten zu merkenden Wörter sind:

Wörter mit dt

Stadt, Städte

verwandt, Verwandtschaft

gewandt, Gewandtheit

Bewandtnis

Achtung!

Alle Zusammensetzungen mit *-statt-* und *-stätte* werden mit **tt** geschrieben:
anstatt, stattfinden, Werkstatt, Gaststätte, Raststätte ...

Die Schreibung mit **dt** finden wir auch in Vergangenheitsformen und deren Ableitungen bei Verben mit der Infinitivendung ***-den*** (wobei auch die in Klammer stehenden Formen zulässig sind):

*senden: er (sie, es) san***dt***e* (neben *sendete)*
*gesan***dt** *(*neben *gesendet)*
*die Gesan***dt***en, die Gesandtschaft*
anwenden, aufwenden, einwenden:
*er (sie, es) wan***dt***e an, auf, ein (neben wendete)*
*angewan***dt***, aufgewan***dt***, eingewan***dt** (neben *-gewendet)*
*verwenden: er (sie, es) verwan***dt***e* (neben *verwendete)*
*verwan***dt** *(*neben *verwendet)*

7.3. *rh, th, gh* in Fremdwörtern

In Fremdwörtern, insbesondere aus dem Griechischen, findet sich die Schreibung ***rh*** und ***th***, wobei das *h* stumm bleibt:

Wörter mit *rh*

Rhabarber	*Rhetorik, rhetorisch*	*Rhododendron*
Rhapsodie	*Rheuma*	*Rhombus*
Rhesus	*Rhinozeros*	*Rhythmus ...*

... außerdem Eigennamen wie *Rhein, Rhone, Rhön, Rhodos*

Hämorrhoiden, Myrrhe und *Katarrh* können seit der letzten Rechtschreibreform auch *Hämorriden, Myrre* und *Katarr* geschrieben werden.

Wörter mit *th*

Absinth	*Asthma*	*Kathedrale*
Anthrazit	*Athlet*	*Kathode*
Anthropologie	*authentisch*	*katholisch*
Apotheke	*Diphtong*	*Lithographie*
Arthritis	*Enthusiasmus*	*Mathematik*
Arthrose	*Ethik, Ethos*	*Methode*
Ästhet	*Katheder*	*Orthographie*

Prothese	*Thematik*	*Thermostat*
Rhythmus	*thematisch*	*Thermosflasche*
Sympathie	*Theologie*	*These*
sympathisch	*Theorie*	*Thron*
Theater	*Therapie*	*Thymian*
Theke	*therapieren*	*Zither ...*
Thema	*Thermometer*	

... außerdem alle Wortverbindungen mit *-thek* wie *Bibliothek, Diskothek, Videothek.*

Thunfisch und *Panther* können seit der letzten Rechtschreibreform auch *Tunfisch* und *Panter* geschrieben werden.

Wörter mit *gh*

Der Vollständigkeit halber sollen hier die Wörter *Ghetto, Joghurt* und *Spaghetti* erwähnt werden, die seit der letzten Rechtschreibreform aber auch *Getto, Jogurt* und *Spagetti* geschrieben werden können.

7.4. Fremdwörter mit y für den ü-Laut

In zahlreichen aus dem Griechischen stammenden Wörtern wird der Laut **ü** als **y** geschrieben:

Fremdwörter mit y

Apokalypse
Asyl
Dynamik, dynamisch
Dynamit
Dynamo
Elysium
Enzym
Eukalyptus
Glykol
Glyzerin
Gymnasium
Gymnastik
Hyäne
Hyazinthe
Hybris
Hydraulik, hydraulisch
Hygiene
Hymen
Hymne
hyper- (hyperaktiv, hypersensibel ...)
Hypnose
Hypo- (Hypochonder, Hypothek ...)
Hysterie
Idyll
Katalysator
Koryphäe
Krypta
Kybernetik
Kyrie
Labyrinth
Lymphe
lynchen
Lyrik, lyrisch
Märtyrer
Myrre (oder: *Myrrhe*)
Mysterium
Mystik
Mythos
Nymphe
Onyx
Physik
Physiotherapie
Physis, physisch
Polyp
Prophylaxe
Psyche
Psychologie

Pygmäe	*Sys- (System, Systole ...)*	*Zyklus, zyklisch*
Pyramide	*Typ, typisch*	*Zylinder*
Pyromane	*Tyrann*	*Zyniker, zynisch*
Rhythmus, rhythmisch	*Vinyl*	*Zypresse*
Sym- (Symbol, Symmetrie, Sympathie ...)	*Ypsilon*	*Zyste*
	Zyankali	...
Syn- (Synagoge, Syndrom, Synthese ...)	*Zyklop*	

7.5. Fremdwörter mit y aus dem Englischen

Bei dieser Schreibung muss man mit der Aussprache des Englischen vertraut sein, da es Varianten gibt:

⇨ in *Nylon, Recycling ...*
wird das **y** als **ai**-Laut gesprochen

⇨ in *Baby, City, easy, Handy, happy, Hobby, Lady, Lobby, Party, Pony, Rowdy ...*
wird das **y** als **i**-Laut gesprochen
(aber: *Hippie, Teenie*)

Merke!

Nach den neuen Rechtschreibregeln ist der Plural englischer Substantive mit der Endung **y** im deutschen Sprachgebrauch durch Anhängung von **-s** zu bilden: *Babys, Hobbys, Partys ...*

7.6. *g, ch* und *sh* für den sch-Laut

In französischen Fremdwörtern finden wir für den Laut **sch** die Schreibung **g** oder ***ch***:

beige	*Attaché*
Dragee	*Branche*
Gage	*Chance*
Garage	*Chanson*
Gelee	*Charme*
Genie	*Chassis*
Ingenieur	*Chef*
Manege	*Chiffre*
Orange	*Revanche*
Passagier	...
Regie	
Regime	
Sabotage ...	

Die Schreibung ***gn*** wird in französischen Fremdwörtern **nj** gesprochen:
*Champa**gn**er, Champi**gn**on, Ko**gn**ak, Kompa**gn**on*

Die Schreibung ***ch*** wird in englischen Fremdwörtern häufig als **tsch** gesprochen:
chatten, Chartermaschine, Chip, Couch ...

In lateinischen und griechischen Fremdwörtern wird ***ch*** häufig als **k** gesprochen:
Chaos, Charakter, Chor, Orchester ...

In einigen englischen Fremdwörtern steht ***sh*** für den Laut **sch**
Shampoo, Sheriff, Sherry, Shop, Shorts, Show, Shirt ...

8. Anmerkungen für das Üben mit Rechtschreibanfängern

Schulanfänger und/oder Legastheniker haben meist Probleme bei der Umsetzung von Sprechsprache in Schriftsprache, weil ihre lautliche Unterscheidungsfähigkeit (noch) ungenügend entwickelt ist.

Die Aufforderung: *„Schreib so, wie du sprichst!“* ist nur akzeptabel für Anfangs-Übungen zum auditiven Wahrnehmungstraining. Man muss hierbei mit Wortschöpfungen wie *„Fürsich“* statt ***„Pfirsich“***, *„Semf“* statt ***„Senf“*** oder *„Baua“* statt ***„Bauer“*** rechnen.

Im Folgenden führe ich einige Rechtschreibprobleme an, die mir besonders im Training mit Grundschülern aufgefallen sind.

8.1. Wörter mit dem Auslaut a

„Eima, Tiga, Bea ...“:
Schüler sollten darauf hingewiesen werden, dass in der deutschen Rechtschreibung die Wortendung ***a*** relativ selten ist und dass meist stattdessen die Endung ***-(e)r*** die richtige ist.

Die Wörter mit der Endung ***a*** – meistens aus Fremdsprachen integrierte Wörter – müssen besonders gelernt werden. (Viele dieser Fremdwörter werden natürlich im Wortschatz von jungen Rechtschreibanfängern noch nicht vorkommen):

Wörter mit Endung *a*

circa	*Angina*	*Asthma*	*basta*
da	*Aorta*	*Aula*	*Boa*
etwa	*Ära*	*Aura*	*Boccia*
extra	*Arena*	*Ballerina*	*Cafeteria*
ja	*Aroma*	*Basilika*	*Charta*

Wörter mit Endung *a*

Datscha	Junta	Paprika	Sofa
Delta	Jura	Parka	Soja
Dia	Kamera	Pascha	Sperma
Dilemma	Klima	Pasta	Stola
Diva	Koala	Phlegma	Tanga
Dogma	Kobra	Pizza	Tausendsassa
Drama	Komma	Plasma	Thema
Fauna	Kontra	prima	Toga
Fiesta	Lama	Prisma	Tombola
Finca	Lava	Propaganda	Trauma
Firma	Liga	Prosa	Tuba
Flora	lila	Puma	Tundra
Gala	Mafia	Pyjama	Tunika
Geisha	Mascara	Regatta	ultra-
Gorilla	Mensa	Rheuma	Veranda
Grappa	Mofa	rosa	Vespa
Guerilla	Mozzarella	Rumba	Villa
Halleluja	Nappa	Samba	Wodka
Harmonika	Nirwana	Sauna	Yoga
Henna	Panda	Schema	Zebra
hoppla	Panorama	Skala	....
Hurra	Papaya	Soda	

8.2. Wörter mit *ts* und *ds*

Wörter mit diesen Buchstabenkombinationen bereiten Anfängern häufig Probleme: Sie schreiben dafür fälschlicherweise oft ein **z**. Dies betrifft:

- ⇨ Wörter, die im Wortstamm auf ***d*** oder **t** enden und ein **Endungs-s** erhalten:

  abends (aber: *morgens*)

  angesichts

  bereits

  nachts

  nichts

  rechts ...

- ⇨ Wörter mit den Endsilben -***wärts***, **-seits, -orts**:

  rückwärts, seitwärts, vorwärts

  andererseits, einerseits

  andernorts ...

- ⇨ Wörter, die im Wortstamm auf ***d*** oder **t** enden und durch Zusammensetzung mit anderen Wörtern ein **Verbindungs-s** erhalten:
  Mordswut, Allerweltswort, Amtsgericht, Adventskranz, Geschicklichkeitsspiel, Krankheitstage ...

- ⇨ Wörter mit einem **s** am Beginn einer neuen Silbe:
  Lotse, Rätsel ...

8.3 Probleme mit der Unterscheidung von *d* und *t*

Auch die Unterscheidung von ***d*** und ***t*** in den folgenden speziellen Fällen bereitet häufig Probleme.

➪ Zur Unterscheidung von ***ent-*** und ***end-***:
ent- ist eine Vorsilbe, die bei Nomen, Verben und Adjektiven vorkommt.
Beispiele: *Enttäuschung, entdecken, unentgeltlich, entlang ...*

End-/end- ist vom Wort „*Ende*" abzuleiten und bildet einen Wortstamm in Nomen, Verben und Adjektiven.
Beispiele: *Endbetrag, Endstation, enden, endlos, endgültig, endlich ...*

➪ Zur Unterscheidung von ***-ent*** und ***-end***:
Die Endsilbe ***-ent*** findet sich in einigen aus dem Lateinischen abgeleiteten Adjektiven wie z. B.:
kongruent, stringent, latent ...

Vor der Endsilbe ***-lich*** wird bei einigen Adjektiven wegen der besseren Aussprache ein ***-t*** eingefügt:
eigentlich, flehentlich, gelegentlich, hoffentlich, ordentlich, wissentlich ...

In der Partizip-Präsens-Form steht dagegen immer die Endung ***-end***:
flehend, hoffend, wissend ...

➪ Zur Unterscheidung von ***seit*** und ***seid***:
seit ist eine Präposition oder Konjunktion bei Zeitangaben:
seit vier Jahren ...
Ich schreibe besser, seit(dem) ich viel übe.

seid ist eine konjugierte Form des Hilfsverbs „*sein*":
Seid vorsichtig!
Ihr seid sehr unvorsichtig.

⇨ Zur Unterscheidung von ***Leit-*** und ***Leid-*** :
Wortzusammensetzungen mit ***Leit-*** leiten sich von „*leiten*" ab:
Leitfiguren, Leitgedanke, Leithammel, Leitmotiv, Leitplanke, Leitschnur ...

Wortzusammensetzungen mit ***Leid-*** leiten sich von „*leiden*" ab:
leidgeprüft, leidlich, leidtragend, leidtun, Leidwesen ...

⇨ Zur Unterscheidung von ***Tod*** und **tot** :
Mit ***d*** werden Wortzusammensetzungen geschrieben, in denen das Substantiv ***Tod*** bestimmend ist:
Todfeind, todernst, todmüde ...

Mit **t** werden Wortzusammensetzungen geschrieben, in denen das Adjektiv **tot** bestimmend ist:
totfahren, totlachen, Totschlag ...

8.4. Wörter mit den Morphemen *nf(t)* und *mpf*

Auch diese Buchstaben-Verbindungen machen nach meinen Beobachtungen Schreibanfängern Probleme und können mit den Beispielwörtern besonders geübt werden:

nf(t)	**mpf**		
Hanf	*Dampf*	*impfen*	*Empfang*
Senf	*dumpf*	*mampfen*	*Empfindung*
(Genf)	*Kampf*	*schimpfen*	*Empfehlung ...*
fünf			
	Krampf	*schrumpfen*	
Ankunft	*Sumpf*	*stampfen*	
Auskunft	*stumpf*	*verunglimpfen*	
Zunft	*Strumpf*	*glimpflich ...*	
sanft	*Trumpf ...*		

9. Homonyme

Homonyme sind Wörter, die gleich lauten, sich aber in ihrer Bedeutung unterscheiden:

das Schloss (Bauwerk)	*das Schloss* (Verschluss)
der Ball (Spielgerät)	*der Ball* (Tanzveranstaltung)
die Bank (Geldinstitut)	*die Bank* (Sitzmöbel) ...

mit unterschiedlichem Artikel (der, die, das):

das Steuer (im Auto)	*die Steuer* (fürs Finanzamt)
das Tau (Seil)	*der Tau* (Niederschlag)
der Kiefer (Knochen)	*die Kiefer* (Baum) ...

Die vorgenannten Beispiele unterscheiden sich nur in ihrer Bedeutung, nicht aber in ihrer Schreibung oder Aussprache.

Homonyme, die gleich geschrieben, aber unterschiedlich ausgesprochen werden, heißen **Homographen**. Beim Lesen ist die Betonung oder die Vokallänge nur über die Bedeutung zu erschließen:

modern (fortschrittlich): Betonung auf der zweiten Silbe
modern (verwesen): Betonung auf der ersten Silbe

Hochzeit (Vermählung): kurz gesprochenes „**o**“
Hochzeit (Höhepunkt): lang gesprochenes „**o**“

Homonyme, die gleich lauten, aber unterschiedlich geschrieben werden, nennt man **Homophone**. Ihre richtige Schreibung erfordert vorheriges Erfassen der Wortbedeutung aus dem Sinn- oder Satzzusammenhang:

Leib (Körper)	*Laib* (Brot-)
Lied (Gesang)	*Lid* (Augen-)
Lärche (Baum)	*Lerche* (Vogel)
Saite (Gitarren-)	*Seite* (im Buch)
Waise (elternloses Kind)	*Weise* (Art)
Sohle (Schuh-)	*Sole* (kochsalzhaltiges Wasser)
Ehre (Anerkennung)	*Ähre* (Getreide)
Gewehr (Waffe)	*Gewähr* (Garantie)
Ferse (am Fuß)	*Färse* (junge Kuh)
Zuname (Nachname)	*Zunahme* (Gewichts-)
Mohr	*Moor*
Wal	*Wahl*
wieder (noch einmal)	*wider* (gegen)
malen (ein Bild)	*mahlen* (Getreide)
leeren (aus-)	*lehren* (Lehrer)
Meer	*mehr*
Heer	*her*
Arm	*arm*
Fest	*fest*
Ur-	*Uhr*
Beeren (Plural von *Beere*)	*Bären* (Plural von *Bär*)
wären (Konjunktiv zu *waren*)	*währen* (dauern)
Wende (Umkehr)	*Wände* (Plural von *Wand*)
war (Präteritum von *sein*)	*wahr* (real)
hohle (Bäume)	*hole!*
beten	(auf den) *Beeten*

10. Fremdwörter – eine Auswahl zum Üben

Die Schreibung häufig benutzter Fremdwörter entspricht nicht der deutschen Rechtschreibung. Sie muss daher besonders geübt werden. Hier ein Auswahl:

Airbag	*Cornflakes*	*Flatrate*	*Kakao*
Appeal	*Couch*	*Flirt*	*Kampagne*
Atelier	*Cowboy*	*Flyer*	*Kognak*
beige	*Crash*	*Fonds*	*Komfort*
Biskuit	*Crew*	*Foul*	*Konvoi*
Blazer	*Curry*	*Girl*	*Label*
Boiler	*Deal*	*Grapefruit*	*Laptop*
Boullion	*Depot*	*Happyend*	*Laser*
Boutique	*Design*	*Hardcover*	*Layout*
Bowle	*Detail*	*Image*	*Leader*
Boykott	*Eklat*	*Ingenieur*	*Leasing*
Branche	*Ensemble*	*Insider*	*leger*
Budget	*Essay*	*Interview*	*Lifestyle*
Buffet	*Etui*	*Jargon*	*live*
Business	*Event*	*Jeans*	*Logis*
Cafe	*Eyeliner*	*Jeep*	*Look*
Chatroom	*Fan*	*Jet(set)*	*Loser*
Chauffeur	*Fashion*	*Job*	*Mail*
Clown	*Fastfood*	*Joint*	*Make up*
Computer	*Filet*	*Jury*	*Manager*

Match	Quiz	Route	Slum
Medaille	Ralley	Routine	Smalltalk
Meeting	Ranch	Rowdy	Softdrink
Message	Reality	Run	Spam
Niveau	Receiver	Rushhour	Spediteur
Notebook	Recherche	Safe	Spike
Office	Recycling	Saison	Spleen
okay	Refrain	Sandwich	Spray
Oldtimer	Regime	Selfmademan	Standby
online	Regisseur	Server	Steak
out	Relais	Service	Story
Passagier	Remake	Sexappeal	Striptease
Pavillon	Renaissance	Shake	surfen
Peanuts	Repertoire	Shampoo	Taille
Peeling	Reservoir	Sheriff	Talk(show)
Piercing	Ressort	Shirt	Teak
Plädoyer	Ressource	Shop	Team
Power	Restaurant	Shorts	Teenager
Premiere	Retoure	Show	Teint
Preview	Return	Shuttle	Timer
Publicity	Revanche	Sightseeing	Toast
Punk	Revue	Single	Toilette
Pyjama	Rhythmus	Skateboard	Tour

Trainer	*User*	*Walking*	*Workaholic*
Trash	*Vanille*	*Walkman*	*Workshop*
Understatement	*Volley*	*Webcam*	*Worldcup*
up to date	*Voucher*	*Weekend*	*wow!*
Update	*Voyeur*	*Whiskey*	*Zoom*

11. Kuriosa im Duden

Als Duden-Nutzer kann man sich manchmal wundern, welche Wörter von der Duden-Redaktion aufgenommen werden. Zur Begründung der Stichwörter-Auswahl im Duden zitiere ich Duden, 2006, S. 11: *„Der Duden erfasst den für die Allgemeinheit bedeutsamen Wortschatz der deutschen Sprache ...“*

Ein paar dieser „wundersamen“ Wörter, bei denen ich mich frage, wer (außer einigen sehr wenigen Personen) sie gebraucht, seien hier aufgeführt:

die Banse (Lagerraum in einer Scheune)
der Baphomet (arab.: Götzenbild der Tempelherren)
der Fjäll (schwed.: baumlose Hochfläche in Skandinavien)
der Guelfe (ital.: mittelalterlicher Anhänger der päpstlichen Politik)
der Haggis (schottisch-engl.: im Schafsmagen gegarte Schafsinnereien)
der/das Irade (arab.: Erlass des Sultans)
die Kalasche (russ.: Tracht Prügel)
der Prairial (franz.: Wiesenmonat)
der Propusk (russ.: Ausweis)
die Ramasuri (ital.: Trubel)
das Rätzel (zusammengewachsene Augenbrauen)
die Ruschel (schlampige Person)
der Sbirre (ital.: Polizeidiener)
der Schalander (Pausenraum in Brauereien)

Anhang

Rechtschreibspiele: Empfehlungen und Anleitungen

Generell ist es empfehlenswert, das Training der Rechtschreibung, insbesondere mit jüngeren Schülern, möglichst abwechslungsreich zu gestalten. Spiele, die mit Wortbildung und -schreibung im weitesten Sinn zu tun haben, erfüllen hier gute Dienste.

Allgemein bekannt sein dürften **Brettspiele** wie SCRABBLE oder BOGGLE. Auch „Mitbringspiele" wie WORTFIX (Ravensburger) oder RECHTSCHREIBFAMILIEN (Piatnik) sind lehrreich und preiswert.

Weniger bekannt, aber hervorragend geeignet zum Üben sind Brettspiele wie SCHUMMELWORT (Schmidt Spiele) und DAS LÄNGSTE WORT (Ass Spiele); beide werden leider nicht mehr produziert, sind aber bisweilen bei Ebay gebraucht zu kaufen.

Unkompliziert überall zu spielen sind sogenannte **Papier- und Bleistiftspiele**. Auf den folgenden Seiten werden ein paar Beispiele beschrieben.

„Gefüllte Kalbsbrust“

Die Spieler einigen sich auf ein Wort mit mindestens 6 Buchstaben (möglichst ohne die Buchstaben *j, q* und *c,* da diese am Ende deutscher Wörter nicht vorkommen). Jeder Spieler schreibt das Wort auf seinem Blatt auf der linken Seite von oben nach unten, und auf der rechten Seite von unten nach oben geschrieben. Auf ein Kommando fangen alle Spieler an, die Lücken zwischen den Buchstaben mit Wörtern zu füllen.

Beispiel „**KINDERGARTEN**“:

K	*U C H E*	**N**
I	*R E N*	**E**
N	*O*	**T**
D	*O T T E*	**R**
E	*U R O P*	**A**
R	*I N*	**G**
G	*A*	**R**
A	*L L E*	**E**
R	*U N*	**D**
T	*O*	**N**
E	*S E L E*	**I**
N	*IERENKRAN*	**K**

Wenn die vorgegebene Zeit abgelaufen ist (oder der erste Spieler mit dem Ausfüllen fertig ist), wird reihum vorgelesen. Wenn zwei oder mehrere das gleiche Wort haben, müssen sie dieses streichen. Sieger ist, wer die meisten Wörter übrigbehält.

Vor Beginn des Spiels sollte abgesprochen werden, dass Eigennamen und zusammengesetzte Nomen erlaubt sind. „Gefüllte Kalbsbrust“ kann man auch gut alleine spielen – ohne Wettbewerb, nur so zum Spaß.

„Galgenmännchen"

Ein Spieler macht den Anfang und denkt sich ein (nicht zu kurzes) Wort aus, dessen ersten und letzten Buchstaben er auf ein Blatt Papier schreibt. Die anderen Buchstaben des Wortes werden durch kurze Striche ersetzt:

Beispiel: U _ _ _ _ L (für „UNFALL")

Der oder die Mitspieler müssen nun Buchstabe für Buchstabe raten, welches Wort gemeint ist. Jeder richtig genannte Buchstabe wird an der oder den Stellen eingetragen, an denen er im Wort vorkommt. Bei jedem falsch geratenen Buchstaben wächst das Galgenmännchen um einen Strich (bzw. um einen Kreis für den Kopf):

Galgenmännchen:

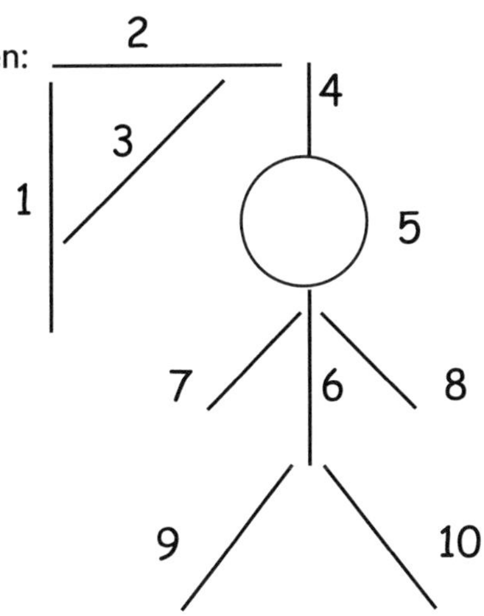

Ist das Galgenmännchen früher fertig als das Wort, hat der ratende Spieler verloren – im anderen Fall der „Wortausdenker".

„5 MAL 5“

Dieses Spiel spielt man am besten zu zweit. Spieler eins denkt sich ein Wort mit 5 Buchstaben aus, das Spieler zwei mit nur 5 Versuchen zu erraten versucht. Spieler eins schreibt nur den ersten Buchstaben des zu erratenden Wortes auf ein Blatt Papier. Zum Beispiel:

F (für das Wort „FRAGE“)

Spieler zwei schreibt nun neben das „F“ irgendein Wort, das 5 Buchstaben hat und mit „F“ beginnt, zum Beispiel:

F O L I E

Spieler eins markiert nun unter diesem Wort die Buchstaben, die in seinem erdachten Wort vorkommen, und zwar mit einem Viereck die Buchstaben, die bereits an der richtigen Stelle stehen und mit einem Kreis die Buchstaben, die in seinem Wort vorkommen, aber an einer anderen Stelle. Im Beispiel ist (neben dem „F“) nur das „E“ am Ende mit einem Viereck zu markieren, da es an der richtigen Stelle im erdachten Wort vorkommt:

F O L I E
□   □

Spieler zwei bekommt jetzt die nächste Chance, das Wort zu erraten, z. B. mit dem Wort „FALLE“. Nun müsste Spieler zwei „F“ und „E“ wiederum mit einem Viereck markieren, „A“ mit einem Kreis, da es in seinem erdachten Wort vorkommt, aber an anderer Stelle:

F A L L E
□○   □

Errät Spieler zwei das Wort in 5 Versuchen, darf *er* sich ein neues Wort ausdenken. Andernfalls ist Spieler eins noch einmal dran.

„Wortkaskaden"

(entnommen aus Gilbert Obermaier: Die interessantesten Wortspiele. Rastatt 1994, S.104)

Ein Wort von vier oder fünf Buchstaben soll in ein anderes verwandelt werden, indem Stufe für Stufe ein Buchstabe ausgewechselt wird. Auch die Zwischenstufen müssen sinnvolle Wörter ergeben.

Beispiele:

doof wird zu *Wirt*:
DOOF → DO**R**F → DOR**T** → **W**ORT → W**I**RT

Hund wird zu *Ball*:
HUND → H**A**ND → **B**AND → BA**L**D → BAL**L**

Bild wird zu *Tanz*:
BILD → B**A**LD → BA**N**D → **T**AND → TAN**Z**

Verzeichnis lateinischer Fachbegriffe

Adjektiv – Eigenschaftswort: *bunt, klein, smart …*

Adverb – Umstandswort: *gestern* (temporal), *dort* (lokal), *gerne* (modal), *deshalb* (kausal) …

Akkusativ – 4. Fall: *Ich liebe* ***den*** *Hund.*

Artikel – Geschlechtswort, Begleiter des Substantivs: *der, die, das, einer, eine, eines …*

auditiv – über das Hören aufnehmend/lernend (im Unterschied zu **visuell**, über das Sehen)

Dativ – 3. Fall: *Du hilfst* ***dem*** *Freund.*

Diphtong – Doppellaut: *ei, au, ai, eu*

Deklination – Beugung der Substantive und Adjektive: *der alte Vater* (Nominativ), *des alten Vaters* (Genitiv), *dem alten Vater* (Dativ), *den alten Vater* (Akkusativ)

Futur I – Zukunft (Zeitform des Verbs): *ich werde lesen, du wirst schreiben …*

Futur II – vereint Funktionen von Perfekt und Futur I: *ich werde gelesen haben …*

Genitiv – 2. Fall: *wegen der Krankheit …*

Graphem – kleinste bedeutungsunterscheidende Einheit der geschriebenen Sprache: *arm – Arm* (klein bzw. groß geschriebenes ***a*** führen zu unterschiedlicher Bedeutung der Wörter); *viel – fiel* (die differenzierenden Grapheme sind ***v*** und ***f***)

Homonym – Wort, das mit einem anderen Wort gleich lautet, aber eine andere Bedeutung hat: *Schloss* (Bauwerk) – *Schloss* (Türschloss)

Homophon – Wort, das wie ein anderes Wort ausgesprochen, aber unterschiedlich geschrieben wird: (Buch-)*Seite* – (Gitarren-)*Saite*

Homograph – Wort, das wie ein anderes Wort geschrieben, aber unterschiedlich ausgesprochen wird: *m**o**dern* – *mod**e**rn*

Imperativ – Befehlsform: *Schreib! Lies!* ...

Indikativ – Wirklichkeitsform des Verbs: *ich lese, du hast geschrieben* ...

Infinitiv – Grundform des Verbs: *schreiben, lesen* ...

Konjugation – Beugung des Verbs: *ich lese, du liest, er (sie, es) liest, wir lesen, ihr lest, sie lesen*

Konjunktion – Bindewort: *und, oder, weil, dass* ...

Konjunktiv – Möglichkeitsform des Verbs: *das bleibe dahingestellt* ...

Konsonant – Mitlaut: *b,c,d* ...

Morphem – kleinste bedeutungstragende sprachliche Einheit: **Freund**-schaft, be-**bau**-en

Nomen – siehe **Substantiv**

Partizip – Mittelwort: *lesend* (Partizip I, Mittelwort der Gegenwart, Aktiv); *gelesen* (Partizip II, Mittelwort der Vergangenheit, Passiv)

Perfekt – vollendete Gegenwart (Zeitform des Verbs): *ich habe gelesen* ...

Phonem – kleinste bedeutungsunterscheidende Einheit der gesprochenen Sprache: *Bett* – *Beet* (durch die Phoneme kurzes **e** bzw. langes **e** kann man die Wörter in ihrer Bedeutung unterscheiden)

Plusquamperfekt – vollendete Vergangenheit (Zeitform des Verbs): *ich hatte gelesen, du hattest geschrieben ...*

Prädikat – Satzaussage: *... ist schön, ... schläft*

Präposition – Verhältniswort: *in, auf* ... (lokal); *nach, seit* ... (temporal); *ohne, gegen* ... (modal); *wegen, infolge* ... (kausal); *trotz* ... (konzessiv)

Präsens – Gegenwart (Zeitform des Verbs): *ich schreibe, sie lesen ...*

Präteritum – Vergangenheit (Zeitform des Verb): *ich schrieb, wir lasen ...*

Pronomen – Fürwort (Stellvertreter des Substantivs)

Personalpronomen – persönliches Fürwort: *ich, du (Sie), er, sie, es, wir, ihr, sie, mir, dich, ihm, euch ...*

Demonstrativpronomen – hinweisendes Fürwort: *dieser, jene, derjenige, derselbe ...*

Possessivpronomen – besitzanzeigendes Fürwort: *mein, dein (Ihr), sein, unser ...*

Reflexivpronomen – rückbezügliches Fürwort: *mich, dich, sich, euch ...*

Relativpronomen – bezügliches Fürwort: *der, die, das, dessen, welcher, welchem ...*

Substantiv – Hauptwort, Nomen: *(die) Frau, (das) Fenster, (der) Traum*

Subjekt – Satzgegenstand: *der Schüler (schreibt), sie (liest), es (regnet), man (fragt sich)*; (Hilfsfrage: wer oder was?)

Verb – Tätigkeitswort, Zeitwort: *lesen, schreiben, dürfen, können ...*

Vokal – Selbstlaut: *a, e, i, o, u*

Literaturverzeichnis

Bergmann, David: Der, die, was? Ein Amerikaner im Sprachlabyrinth. 5. Auflage, Reinbek bei Hamburg 2009

Bergmann, David: Wie, wer, das? Neue Abenteuer eines Amerikaners im Sprachlabyrinth. Reinbek bei Hamburg 2009

Duden 01. Die deutsche Rechtschreibung. 25. Auflage, Mannheim 2009

Dürscheid, Christa (2002): „SMS-Schreiben als Gegenstand der Sprachreflexion". In Networx Nr. 28, ISSN: 1619-1021 (www.mediensprache.net/networx/networx-28.pdf)

Ibler, Martin: Rechtschreibung und Rechtschreibtraining. Grundlehrgang. Donauwörth 1973

Ickler, Theodor: Kritischer Kommentar zur Neuregelung der deutschen Rechtschreibung. 2. Auflage. Erlangen 1998 (www.vrs-ev.de/KritKomm.pdf)

Ickler, Theodor: Normale deutsche Rechtschreibung. Sinnvoll schreiben, trennen, Zeichen setzen. 4. Aufl., St. Goar 2004

Jens, Inge u. Walter: Katjas Mutter. Das außerordentliche Leben der Hedwig Pringsheim. Reinbeck bei Hamburg 2007

Jirgl, Reinhard: Die Unvollendeten. München 2007

Kohrs, Peter: Deutsch. Rechtschreibung und Zeichensetzung. 11. Aufl., Berlin 2009

Müller, Rudolf: Leseschwäche, Leseversagen, Legasthenie, Band 1, Gezieltes Lese- und Rechtschreibtraining auf der Grundlage einer funktionalen Theorie der Legasthenie. Weinheim u. Basel 1974

Munske, Horst H.: Lob der Rechtschreibung. Warum wir schreiben, wie wir schreiben. München 2005

Pätzold, Thorsten: Die kritische deutsche Rechtschreibung. Regeln und Beispiele. Paderborn 2002

Plickat, Hans-Heinrich: Leistungen und Strukturen der Schriftsprache als Grundlage der Lernziele und Lernverfahren im Rechtschreibunterricht. In: Ebel, Volker: Legasthenie. Bericht über den Fachkongress 1978. Bonn 1979

Rat für deutsche Rechtschreibung (Hrsg.): Deutsche Rechtschreibung. Regeln und Wörterverzeichnis. Amtliche Regelung. Tübingen 2006

Stang, Christian: Schluss mit typischen Deutschfehlern. 2. Aufl., Baden-Baden 2005

Thomé, Günther: ABC und andere Irrtümer über Orthographie, Rechtschreiben LRS/ Legasthenie. Oldenburg 2011

Thomé, Günther: „Diktate üben? Davon rate ich ganz ab!". Interview in Psychologie Heute 2/2013, S. 60-65

Türcke, Christoph: Hyperaktiv! Kritik der Aufmerksamkeitsdefizitkultur. München 2012

Empfehlenswerte Materialien zum Rechtschreibtraining

LÜK-Übungshefte zur Rechtschreibung (mit Kontrollgerät)

Okidoki: Die Lernhilfe. Rechtschreiben (diverse Hefte vom 1. -10. Schuljahr), Schroedel Verlag, Hannover

Schick, Klaus H.: NLP & Rechtschreibtherapie. Praxishilfen für Unterricht und Therapie. 3. Auflage. Paderborn 2004